LE LUTRIN

POEME HEROI-COMIQUE

DE

BOILEAU-DESPREAUX

EDITION CONFORME AU TEXTE ORIGINAL

ORNEE DE VIGNETTES

PAR ERNEST ET FREDÉRIC HILLEMACHER.

LYON

N. SCHEURING, LIBRAIRE-EDITEUR

M D CCC LXII

LE LUTRIN

DE BOILEAU.

Tiré à 300 exemplaires :

25 fur papier de Hollande, vignettes avant la lettre.

275 fur papier ordinaire, vignettes avec la lettre.

SE VEND A PARIS :

Chez A. Aubry, libraire, rue Dauphine, 16;

ET

Achille Faure, libraire, boulevard Saint-Martin, 23.

IMPRIMERIE DE LOUIS PERRIN, LYON.

Ernest Hillemacher pinx. 1859. Fréd. Hillemacher sc. aq. f. 1862.

Imp. A. Delâtre. Paris

LE LUTRIN

POEME HEROI-COMIQUE

DE

BOILEAU-DESPREAUX

EDITION CONFORME AU TEXTE ORIGINAL

ORNEE DE VIGNETTES

PAR ERNEST ET FREDERIC HILLEMACHER.

LYON

N. SCHEURING, LIBRAIRE-EDITEUR

M D CCC LXII.

AVANT-PROPOS.

VOICI *une nouvelle édition du* Lutrin, *que pluſieurs conſidéreront comme aſſez inutile. A quoi bon, en effet, imprimer de nouveau ce poëme qui a été donné tant de fois, & ſous toutes les formes; lit-on encore le* Lutrin, *au milieu des productions plus ou moins littéraires que chaque jour voit éclore?*

Un motif m'a déterminé. J'ai penſé que dans ce temps où une louable perſévérance parvient à rendre aux monuments leur aſpect primitif, & à épurer les anciennes chroniques, les poëtes nationaux pouvaient être l'objet d'une ſemblable reſtitution. Il faut avouer que le texte de nos claſſiques a été étrangement défiguré par ſuite des conceſſions ſucceſſives qu'on s'eſt cru obligé de faire au goût du jour: des rimes altérées, une orthographe rajeunie, & dont la vue contraſte déſagréablement avec les tournures & les expreſſions d'une autre époque ; telles ſont les reproductions que les éditeurs nous offrent des chefs-d'œuvre conſacrés de notre langue. Les génies des temps paſſés, ainſi affublés à la moderne, m'ont toujours rappelé l'imagination de ce perruquier de la place des Victoires, qui, pour donner une haute idée de ſon talent capillaire, avait ajuſté à la Titus les têtes de d'Agueſſeau, de Voltaire ou du grand roi Louis XIV.

La réſurrection du poëme du Lutrin, reproduit avec ſa vieille allure gauloiſe, m'a donc ſéduit comme le ferait un tableau de notre Pouſſin, rétabli dans ſon cadre du XVIIe ſiècle, &, pour en approcher autant que poſſible, le caractère typographique contemporain a été imité. D'ailleurs, mon honnête homme d'Imprimeur, qui n'entend pas raillerie ſur le fait des ſaines traditions, ne l'aurait pas compris autrement. — Je n'ai pas ſuivi les ſcoliaſtes & les grammairiens dans les lourds commentaires ſous leſquels ils ont enſeveli le texte de Boileau ; m'eſt avis qu'il eſt des délicateſſes du langage comme du calice des fleurs, qu'il ne faut pas chercher à analyſer ſous peine de les meurtrir, & que d'un autre côté, ſes imperfections, quand elles ne ſont pas d'heureuſes hardieſſes autoriſées par le génie, ſautent aſſez aux yeux exercés ſans qu'il ſoit néceſſaire de les relever. Un choix des notes hiſtoriques de Broſſette eſt le ſeul accompagnement que j'ai jugé utile de joindre à cette édition.

Le Lutrin a ſouvent tenté le burin des artiſtes, & je n'ai pas, quoique indigne, réſiſté au déſir d'imiter leur exemple. Soutenu par un talent fraternel, j'ai gravé quelques vignettes qui rappellent les épiſodes principaux de l'action ; de ſorte que notre auteur ſe trouve, une fois de plus, illuſtré, en ſuppoſant qu'il ait beſoin de l'être.

A la faveur de ces innocents artifices, & si on ne s'aperçoit pas trop de sa date, le livre pourra se glisser parfois dans ces trop rares bibliothèques, où les éditions primitives de nos auteurs, conservées avec sollicitude & couvertes par la main de Capé ou de quelque autre artiste renommé, attestent qu'il est encore des adorateurs fervents des vieilles gloires littéraires de la France. Ainsi soit-il.

F. H.

ARGUMENT.

Le Tréſorier remplit la première dignité du Chapitre, dont il eſt ici parlé, & il officie avec toutes les marques de l'Epiſcopat. Le Chantre remplit la ſeconde dignité. Il y avait autrefois dans le Chœur, devant la place du Chantre, un énorme Pupitre ou Lutrin, qui le couvrait preſque tout entier. Il le fit ôter. Le Tréſorier voulut le faire remettre. De là arriva une diſpute qui fait le ſujet de ce poëme.

Le démêlé du Tréſorier & du Chantre avait paru ſi plaiſant à M. le Premier Préſident Lamoignon, qu'il propoſa un jour à M. Deſpréaux d'en faire le ſujet d'un poëme que l'on pourrait intituler *La conquête du Lutrin* ou *Le Lutrin enlevé;* à l'exemple du Taſſoni qui avait fait ſon poëme de la *Secchia rapita* ſur un ſujet preſque ſemblable. M. Deſpréaux répondit qu'il ne fallait jamais défier un fou, & qu'il l'était aſſez non-ſeulement pour entreprendre ce travail, mais encore pour le dédier à M. le P. Préſident lui-même. Ce magiſtrat n'en fit que rire; & l'Auteur ayant pris cette plaiſanterie pour une eſpèce de défi, forma dès le même jour l'idée & le plan de ce poëme, dont il fit même les premiers vers. Le plaiſir que cet eſſai fit à M. le P. Préſident encouragea M. Deſpréaux à continuer.

LE LUTRIN

POEME HEROI-COMIQUE.

CHANT PREMIER.

Je chante les combats, & ce Prélat terrible,
Qui par ſes longs travaux, & ſa force invincible,
Dans une illuſtre Egliſe exerçant ſon grand cœur,
Fit placer à la fin un Lutrin dans le Chœur.
C'eſt en vain que le Chantre, abuſant d'un faux titre,

REMARQUES.

Vers 1. — *Je chante les combats, & ce Prélat terrible.* — Claude Auvry, ancien évêque de Coutance, était alors Tréſorier de la Sainte-Chapelle. Il avait été camérier du cardinal Mazarin : & comme il entendait aſſez bien l'uſage de la cour de Rome ſur les matières bénéficiales, il ſe rendit néceſſaire à ce Cardinal qui poſſédait un grand nombre de bénéfices. Le Cardinal lui fit donner l'Evêché de Coutance en Normandie, qu'il quitta enſuite pour la Tréſorerie de la Sainte-Chapelle.

Vers 3. — *Dans une illuſtre Egliſe.* — L'Auteur ne voulant pas nommer la Sainte-Cha-

Deux fois l'en fit ôter par les mains du Chapitre.
Ce Prélat ſur le banc de ſon Rival altier,
Deux fois, le reportant, l'en couvrit tout entier.

Muſe, redi-moi donc, quelle ardeur de vengeance
De ces Hommes ſacrez rompit l'intelligence,
Et troubla ſi long-tems deux célèbres Rivaux.
Tant de fiel entre-t-il dans l'âme des Dévots?

Et toi, fameux Heros, dont la ſage entremiſe
De ce ſchiſme naiſſant débarraſſa l'Egliſe;
Vien d'un regard heureux animer mon projet,
Et garde-toi de rire en ce grave ſujet.

Parmi les doux plaiſirs d'une paix fraternelle,
Paris voïoit fleurir ſon antique Chapelle.

REMARQUES.

pelle de Paris, avait mis, *Dans Bourges autrefois*, &c., parce qu'il y a auſſi une Sainte Chapelle dans la ville de Bourges. Mais après l'impreſſion, il fit effacer avec la pointe du canif une partie du B qui eſt dans le mot *Bourges*, & de cette lettre on fit un P. Ainſi *Bourges* fut changé en *Pourges*: comme on le peut voir dans les exemplaires de l'édition *in-quarto* de l'année 1674. *Pourges* eſt un village près de Montlhéry, dont la chapelle ne juſtifiait pas, par ſon exiguité, que Boileau y plaçât la ſcène du Lutrin; mais cette circonſtance importe peu.

Dans celle de 1675 on ne mit qu'un P.... ſuivi de quatre points.

Vers 4. — *Fit placer à la fin un lutrin dans le chœur.* — Le Lutrin, ou Pupitre, qui fait le ſujet de ce poëme, fut mis devant la place du Chantre, le 31 juillet 1667.

Vers 5. — *C'eſt en vain que le Chantre.* — Jacques Barrin, fils de M. de la Galiſſonnière, maître des requêtes. Il était diſtingué par ſon mérite, autant que par ſa naiſſance.

Vers 13. — *Et toi, fameux héros.* — M. le Premier Préſident de Lamoignon.

Vers 18. — *Paris voïoit fleurir ſon antique Chapelle.* — Il y avait dans les premières éditions : *Pourges voïoit fleurir*, & enſuite : *le calme fleuriſſoit dans la Sainte-Chapelle.* Mais cette dernière manière ne déſignait pas aſſez préciſément la Sainte-Chapelle de Paris.

Ses Chanoines vermeils, & brillans de ſanté,
S'engraiſſoient d'une longue & ſainte oiſiveté.
Sans ſortir de leurs lits plus doux que leurs hermines,
Ces pieux fainéans faiſoient chanter Matines;
Veilloient à bien dîner, & laiſſoient en leur lieu
A des Chantres gagez le ſoin de loüer Dieu.

Quand la Diſcorde, encor toute noire de crimes,
Sortant des Cordeliers pour aller aux Minimes,
Avec cet air hideux qui fait frémir la Paix,
S'arrêta près d'un arbre au pié de ſon Palais.
Là, d'un œil attentif, contemplant ſon Empire,
A l'aſpect du Tumulte, Elle-même s'admire.
Elle y voit par le coche & d'Evreux & du Mans,
Accourir à grans flots ſes fidèles Normans.
Elle y voit aborder le Marquis, la Comteſſe,
Le Bourgeois, le Manant, le Clergé, la Nobleſſe;

REMARQUES.

Vers 26. — *Sortant des Cordeliers pour aller aux Minimes.* — Il y eut de grandes brouilleries dans ces deux couvents, au ſujet de l'élection des Supérieurs. Pour aller de l'un à l'autre de ces couvents, on paſſait près du Palais, où eſt la Sainte Chapelle, & c'eſt la route que l'auteur fait tenir à la Diſcorde. L'Arioſte, dans ſon *Orlando Furioſo*, feint que ſaint Michel allant chercher la Diſcorde, la trouva dans un Chapitre de Moines, aſſemblés pour l'élection de leurs Supérieurs :

Al Moniſter, dove altre volte havea
La Diſcordia veduta, drizzò l'ali,
Trovolla, che in Capitolo ſedea
A nova elettion de gli Officiali.

Cant. 27, ſt. 37.

Vers 28. — *S'arrêta près d'un arbre au pié de ſon palais.* — C'eſt le Mai, que la Communauté des Clercs du Palais, nommée la Bazoche, faiſait planter tous les ans dans la vieille Cour du Palais, près de la Sainte-Chapelle. Il en eſt fait mention dans une aſſemblée du Chapitre, du 9 juillet 1687.

L'expreſſion ſardonique, *au pié de ſon palais*, pour indiquer le Palais de Juſtice, eſt très-piquante.

Vers 34. — *Le Bourgeois, le Manant*, &c. — Ce vers eſt fort ſerré; il comprend tous les états du Royaume. Il ſerait toutefois d'un meilleur effet, s'il ne faiſait pléonaſme avec le précédent. Le *marquis*, la *comteſſe* conſtituant la *Nobleſſe*, dont il eſt queſtion ici.

Et par tout des Plaideurs les eſcadrons épars,
Faire autour de Thémis flotter ſes étendars.
Mais une Egliſe ſeule, à ſes yeux immobile,
Garde au ſein du Tumulte une aſſiette tranquile.
Elle ſeule la brave ; elle ſeule aux procès
De ſes paiſibles murs veut deffendre l'accès.
La Diſcorde, à l'aſpect d'un Calme qui l'offenſe,
Fait ſiffler ſes ſerpens, s'excite à la vengeance.
Sa bouche ſe remplit d'un poiſon odieux,
Et de longs traits de feu lui ſortent par les yeux.

Quoi, dit-Elle, d'un ton qui fit trembler les vitres,
J'aurai pû juſqu'ici broüiller tous les Chapitres ;
Diviſer Cordeliers, Carmes & Céleſtins !
J'aurai fait ſoûtenir un Siège aux Auguſtins !

REMARQUES.

Vers 45. — *D'un ton qui fit trembler les vitres.* — De la Sainte-Chapelle.

Vers 47. — *Diviſer Cordeliers, Carmes & Céleſtins.* — Dans ces Couvents il y avait eu des brouilleries, des déréglements, & des diviſions, qui donnèrent lieu à un Arrêt que le Parlement rendit au mois d'avril 1667, ſur le Réquiſitoire de M. l'Avocat Général Talon. Ce Grand Magiſtrat parla dans cette occaſion avec beaucoup de force & de véhémence.

Vers 48. — *J'aurai fait ſoûtenir un ſiège aux Auguſtins.* — De deux en deux ans, les Auguſtins du grand Couvent de Paris nommaient en Chapitre trois de leurs Religieux Bacheliers pour faire leur Licence en Sorbone. Il y avait trois places fondées pour cela. En 1658, le P. Céleſtin Villiers, Prieur de ce Couvent, voulant favoriſer quelques Bacheliers, en fit nommer neuf pour les trois Licences ſuivantes. Ceux qui s'en virent exclus par cette élection prématurée, ſe pourvurent au Parlement, qui ordonna que l'on ferait une autre nomination en préſence de MM. de Catinat & de Saveuſe, Conſeillers de la Cour, & de Me Janart, Subſtitut du Procureur Général. Les Religieux ayant refuſé d'obéir, la Cour fut obligée d'employer la force pour faire exécuter ſon Arrêt. On manda tous les Archers, qui, après avoir inveſti le Couvent, eſſayèrent d'enfoncer les portes. Mais ils n'en purent venir à bout, parce que les Religieux, prévoyant ce qui devait arriver, les avaient fait murer par der-

Et cette Egliſe ſeule, à mes ordres rebelle,
Nourrira dans ſon ſein une paix éternelle!
Suis-je donc la Diſcorde? & parmi les Mortels,
Qui voudra déſormais encenſer mes Autels?

A ces mots, d'un bonnet couvrant ſa tête énorme,
Elle prend d'un vieux Chantre & la taille & la forme:
Elle peint de bourgeons ſon viſage guerrier,
Et s'en va de ce pas trouver le Tréſorier.

Dans le réduit obſcur d'une alcove enfoncée
S'élève un lit de plume à grans frais amaſſée.

REMARQUES.

rière, & avaient fait proviſion de cailloux & de toutes ſortes d'Armes. Les Archers tentèrent d'autres voies: les uns montèrent ſur les toits des maiſons voiſines pour entrer dans le Couvent, tandis que les autres travaillaient à faire une ouverture dans la muraille du jardin, du côté de la Rue Chriſtine. Les Auguſtins s'étant mis en défenſe, ſonnèrent le tocſin, & commencèrent à tirer d'en bas ſur les Aſſiégeants. Ceux-ci poſtés plus avantageuſement qu'eux, & couverts par les cheminées, tirèrent à leur tour ſur les Moines, dont il y en eut deux de tués & autant de bleſſés.

Cependant, la brèche étant faite, les Religieux eurent la témérité d'y porter le Saint-Sacrement, eſpérant d'arrêter par là les Aſſiégeants. Mais, comme ils virent que cette reſſource était inutile & que l'on ne laiſſait pas de tirer ſur eux, ils demandèrent à capituler, & l'on donna des otages de part & d'autre. Le principal article de la capitulation fut que les Aſſiégés auraient la vie ſauve, moyennant quoi ils abandonnèrent la brèche & livrèrent leurs portes Les Commiſſaires du Parlement étant entrés, firent arrêter onze de ces Religieux, qui furent menés en priſon à la Conciergerie. Ce fut le 28 d'août 1658, veille de Saint-Barthélemy. Le Cardinal Mazarin, qui n'aimait pas le Parlement, fit mettre les Religieux en liberté, par ordre du Roi, après vingt-ſept jours de priſon. Ils furent mis dans les Carroſſes du Roi, & menés en triomphe dans leur Couvent, au milieu des Gardes Françaiſes rangées en haie depuis la Conciergerie juſques aux Auguſtins. Leurs Confrères allèrent les recevoir en proceſſion, ayant des palmes à la main. Ils ſonnèrent toutes leurs cloches, & chantèrent le *Te Deum* en actions de grâces.

Vers 54. — *Elle prend d'un vieux chantre & la taille & la forme.* — Dans la Poéſie Epique, où tout ſe fait par le miniſtère des Dieux, ils ne ſe manifeſtent jamais aux Hommes que ſous la figure humaine. Homère ne manque point à cette convenance; & c'eſt ainſi que le Merveilleux ſe concilie avec le Vraiſemblable.

Quatre rideaux pompeux, par un double contour,
En deffendent l'entrée à la clarté du jour.
Là, parmi les douceurs d'un tranquille ſilence,
Régne ſur le duvet une heureuſe Indolence.
C'eſt là que le Prélat muni d'un déjeuner,
Dormant d'un léger ſomme, attendoit le dîner.
La Jeuneſſe en ſa fleur brille ſur ſon viſage :
Son menton ſur ſon ſein deſcend à double étage :
Et ſon corps, ramaſſé dans ſa courte groſſeur,
Fait gémir les couſſins ſous ſa molle épaiſſeur.

La Déeſſe en entrant, qui voit la nappe miſe,
Admire un ſi bel ordre & reconnoît l'Egliſe;
Et marchant à grans pas vers le lieu du repos,
Au prélat ſommeillant, Elle adreſſe ces mots:

Tu dors? Prélat, tu dors? & là-haut à ta place,
Le Chantre aux yeux du Chœur étale ſon audace,

REMARQUES.

Vers 57. — *Dans le réduit obſcur d'une alcove enfoncée*, &c. — Cette deſcription avait été faite de génie : l'Auteur n'ayant vu ni l'alcôve, ni le lit du Tréſorier. Cependant elle ſe trouva conforme à la vérité.

Vers 65. — *La Jeuneſſe en ſa fleur*, &c. — L'Auteur ajouta ces quatre Vers pour faire une contrevérité : car le Tréſorier était maigre, vieux, & de grande taille. Mais notre Poëte voulant faire un portrait de ſon Héros, a dû le faire conforme au caractère qu'il lui donne dans ce Poëme.

Vers 70. — ... *Et reconnoît l'Egliſe.* — Ce dernier mot n'a été imprimé que dans l'édition poſthume de 1713. L'Auteur ne l'avait indiqué que par des *** dans les précédentes éditions.

Vers 73. — ... *Et là-haut à ta place.* — La Sainte Chapelle haute, où les Chanoines font l'office, était beaucoup plus élevée que la Maiſon du Tréſorier, qui était dans la Cour du Palais.

Chante les *Oremus*, fait des Proceſſions,
Et répand à grans flots les bénédictions.
Tu dors? attens-tu donc, que ſans bulle & ſans titre
Il te raviſſe encor le Rochet & la Mitre?
Sors de ce lit oiſeux, qui te tient attaché,
Et renonce au repos, ou bien à l'Evêché.

Elle dit : & du vent de ſa bouche profane
Lui ſouffle avec ces mots l'ardeur de la chicane.
Le Prélat ſe réveille, & plein d'émotion
Lui donne toutefois la bénédiction.
Tel qu'on voit un Taureau, qu'une Guêpe en furie
A piqué dans les flancs, aux dépens de ſa vie :
Le ſuperbe Animal, agité de tourmens,
Exhale ſa douleur en longs mugiſſemens.
Tel le fougueux Prélat, que ce ſonge épouvante,
Querelle en ſe levant & Laquais & Servante :
Et d'un juſte courroux rallumant ſa vigueur,
Même avant le dîner, parle d'aller au Chœur,

REMARQUES.

Vers 76. — *Et répand à grands flots les bénédictions.* — C'était le principal motif de la jalouſie du Tréſorier contre le Chantre.

Vers 80. — *Et renonce au repos, ou bien à l'Evêché.* — M. Auvry avait été Evêque de Coutance. D'ailleurs, comme Tréſorier de la Sainte-Chapelle, il avait le droit de faire l'Office pontificalement aux grandes Fêtes de l'année, ſuivant un privilége accordé par Benoit XIII, Pierre *de Luna*, Anti-pape, à Hugues Boileau, Confeſſeur du Roi Charles V & Treſorier de la Sainte-Chapelle. Il était de la famille dont M. Boileau-Deſpréaux eſt deſcendu. « Long-tems après que Saint- « Louïs eut bâti cette Chapelle, » *dit Paſquier dans ſes Recherches, L.* 3, *ch.* 39. « Elle « fut depuis grandement anoblie par le Roi « Charles V. C'eſt lui qui obtint du Saint « Siége permiſſion au Tréſorier d'icelle, « d'uſer de Mitre, Anneaux, & autres Or- « nemens Pontificaux (excepté la Croſſe) « & donner bénédiction, tout ainſi qu'un « Evêque, célébrant le ſervice divin dedans « le pourprix de cette Sainte-Chapelle.

Le prudent Gilotin, ſon Aumônier fidèle,
En vain par ſes conſeils ſagement le rappèle :
Lui montre le péril. Que midi va ſonner :
Qu'il va faire, s'il ſort, refroidir le dîner.

Quelle fureur, dit-il, quel aveugle caprice,
Quand le dîner eſt prêt, vous appèle à l'Office?
De votre dignité ſoûtenez mieux l'éclat.
Eſt-ce pour travailler que vous êtes Prélat?
A quoi bon ce dégoût, & ce zèle inutile?
Eſt-il donc pour jeûner Quatre-tems, ou Vigile?
Reprenez vos eſprits, & ſouvenez-vous bien
Qu'un dîner réchauffé ne valut jamais rien.

Ainſi dit Gilotin, & ce Miniſtre ſage
Sur table, au même inſtant, fait ſervir le potage.
Le Prélat voit la ſoupe, & plein d'un ſaint reſpect,
Demeure quelque tems muët à cet aſpect.
Il cède, il dîne enfin : mais toûjours plus farouche,
Les morceaux trop hâtez ſe preſſent dans ſa bouche.
Gilotin en gémit, & ſortant de fureur,
Chez tous ſes Partiſans va ſemer la terreur.
On voit courir chez lui leurs troupes éperdües :
Comme l'on voit marcher les bataillons de Grües;

REMARQUES.

Vers 93. — *Le prudent Gilotin.* — Son véritable nom était *Guironnet.* Le Tréſorier lui donna enſuite la Cure de la Sainte-Chapelle.

Vers 112. — *Chez tous ſes Partiſans.* — Les Chantres ſubalternes étaient dans le parti du Tréſorier contre le Chantre & les autres Chanoines; parce que ceux-ci leur refuſaient de certains droits.

Quand le Pygmée altier, redoublant ſes efforts,
De l'Hebre ou du Strymon vient d'occuper les bords.
A l'aſpect imprévû de leur foule agréable,
Le Prélat radouci veut ſe lever de table.
La couleur lui renaît, ſa voix change de ton.
Il fait par Gilotin rapporter un jambon.
Lui-même le premier, pour honorer la troupe,
D'un vin pur & vermeil il fait remplir ſa coupe :
Il l'avale d'un trait : & chacun l'imitant,
La cruche au large ventre eſt vuide en un inſtant.
Si-tôt que du nectar la troupe eſt abreuvée,
On deſſert : & ſoudain la nappe étant levée,
Le Prélat, d'une voîx conforme à ſon malheur,
Leur confie en ces mots ſa trop juſte douleur :

Illuſtres compagnons de mes longues fatigues,
Qui m'avez ſoûtenu par vos pieuſes ligues,
Et par qui, maître enfin d'un Chapitre inſenſé,
Seul à *Magnificat* je me vois encenſé,
Souffrirez-vous toûjours qu'un Orgueilleux m'outrage;
Que le Chantre à vos yeux détruiſe votre ouvrage;
Uſurpe tous mes droits, &, s'égalant à moi,
Donne à votre Lutrin & le ton & la loi?

REMARQUES.

Vers 115. — *Quand le Pygmée altier*, &c. — Peuple fabuleux qui habitait aux environs de l'Hèbre & du Strymon, fleuves de Thrace. Les Pygmées n'avaient, dit-on, qu'une coudée de hauteur, & étaient en guerre continuelle avec les Grues, qui chaſſèrent ces petits hommes de la ville de Géranie, ſelon Pline, L. 4, c. 11.

Ce matin même encor, ce n'eſt point un menſonge,
Une Divinité me l'a fait voir en ſonge,
L'inſolent s'emparant du fruit de mes travaux,
A prononcé pour moi le *Benedicat vos.*
Oüi, pour mieux m'égorger, il prend mes propres armes.

Le Prélat à ces mots verſe un torrent de larmes.
Il veut, mais vainement, pourſuivre ſon diſcours.
Ses ſanglots redoublez en arrêtent le cours.
Le zêlé Gilotin, qui prend part à ſa gloire,
Pour lui rendre la voix fait rapporter à boire.
Quand Sidrac, à qui l'âge allonge le chemin,
Arrive dans la chambre, un bâton à la main.
Ce Vieillard dans le Chœur a déja vû quatre âges :
Il ſçait de tous les tems les differens uſages :
Et ſon rare ſçavoir, de ſimple Marguillier,
L'éleva par degrez au rang de Chevecier.

REMARQUES.

Vers 147. — *Quand Sidrac.* — C'eſt le nom d'un vieux Chapelain-Clerc, ou d'un Chantre Muſicien, dont la voix était une fort belle Taille. On lui donne ici le caractère d'un vieux Plaideur; & c'eſt lui qui eſt le Conſeil du Tréſorier. Le caractère de Sidrac eſt formé ſur celui de Neſtor, renommé par ſa prudence conſommée, & par la ſageſſe de ſes conſeils.

Vers 149. — *Ce Vieillard dans le Chœur a déja vû quatre âges.* — A vu renouveler le Chapitre quatre fois. Soixante ou ſoixante-dix ans ſeraient néceſſaires pour cela ; mais on ne doit pas prendre ces expreſſions poétiques dans une exacte rigueur. Homère, dans l'*Iliade*, L. 1, & dans l'*Odyſſée*, L. 3, dit que Neſtor avait déjà régné trois âges. Le long & glorieux Règne de Louis-le-Grand peut ſervir de confirmation à cet exemple.

Vers 151. — *De ſimple Marguillier.* — C'eſt lui qui avait ſoin des Reliques, & qui revêtait les Chanoines de leurs Chapes.

Vers 152. — *Au rang de Chevecier.* — On lit *Cheffecier* dans les premières éditions. C'eſt celui qui avait ſoin des Chapes & de la cire, & qui diſtribuait aux Chanoines les bougies à Matines. Il avait deux cents livres de gages, outre ſes rétributions du Chœur. C'était un Sacriſtain, qui ordinairement était Prêtre.

A l'aſpect du Prélat qui tombe en défaillance,
Il devine ſon mal, il ſe ride, il s'avance,
Et d'un ton paternel réprimant ſes douleurs :

Laiſſe au Chantre, dit-il, la triſteſſe & les pleurs,
Prélat, & pour ſauver tes droits & ton empire,
Ecoute ſeulement ce que le Ciel m'inſpire.
Vers cet endroit du Chœur, où le Chantre orgueilleux
Montre, aſſis à ta gauche, un front ſi ſourcilleux,
Sur ce rang d'ais ſerrez, qui forment ſa clôture,
Fut jadis un Lutrin d'inégale ſtructure,
Dont les flancs élargis, de leur vaſte contour
Ombrageoient pleinement tous les lieux d'alentour.
Derriere ce Lutrin, ainſi qu'au fond d'un antre,
A peine ſur ſon banc on diſcernoit le Chantre :
Tandis qu'à l'autre banc, le Prélat radieux,
Découvert au grand jour attiroit tous les yeux.
Mais un Démon, fatal à cette ample machine,
Soit qu'une main la nuit eût hâté ſa ruïne,
Soit qu'ainſi de tout tems l'ordonnât le Deſtin,
Fit tomber à nos yeux le Pûpitre un matin.
J'eus beau prendre le Ciel & le Chantre à partie :
Il fallut l'emporter dans notre Sacriſtie,

REMARQUES.

Vers 159. — *Vers cet endroit du Chœur*, &c. — C'eſt ici que commence l'Action du Poëme. L'Auteur diſait que ce Vers & les cinq ſuivants lui avaient coûté beaucoup de temps & de peine.

Vers 162. — *Fut jadis un Lutrin.* — On voyait encore, longtemps après, le trou dans lequel était autrefois planté le pivot du Lutrin, devant le Siége du Chantre : *& Campos ubi Troja fuit.*

Où depuis trente hivers ſans gloire enſeveli,
Il languit tout poudreux dans un honteux oubli.
Enten-moi donc, Prélat. Dès que l'ombre tranquille
Viendra d'un crêpe noir envelopper la Ville;
Il faut que trois de nous ſans tumulte, & ſans bruit,
Partent à la faveur de la naiſſante nuit;
Et du Lutrin rompu réüniſſant la maſſe,
Aillent d'un zêle adroit le remettre en ſa place.
Si le Chantre demain oſe le renverſer,
Alors de cent Arrêts tu le peux terraſſer.
Pour ſoûtenir tes droits, que le Ciel authoriſe,
Abîme tout plûtôt; c'eſt l'eſprit de l'Egliſe.
C'eſt par là qu'un Prélat ſignale ſa vigueur.
Ne borne pas ta gloire à prier dans un Chœur.
Ces vertus dans Aleth peuvent être en uſage :
Mais dans Paris, plaidons : c'eſt là notre partage.
Tes bénédictions dans le trouble croiſſant,
Tu pourras les répandre & par vingt & par cent :
Et pour braver le Chantre en ſon orgueil extrême,
Les répandre à ſes yeux, & le bénir lui-même.

Ce diſcours auſſi-tôt frappe tous les eſprits;
Et le Prélat charmé l'approuve par des cris.
Il veut que, ſur le champ, dans la troupe on choiſiſſe
Les trois que Dieu deſtine à ce pieux office.

REMARQUES.

Vers 189. — *Ces Vertus dans Aleth*, &c. — Eloge très-délicat de Mgr Pavillon, mort le 8 de décembre 1677, évêque d'Aleth dans le Languedoc.

Mais chacun prétend part à cet illuſtre emploi.
Le ſort, dit le Prélat, vous ſervira de Loi.
Que l'on tire au billet ceux que l'on doit élire.
Il dit, on obéït, on ſe preſſe d'écrire.
Auſſi-tôt trente noms, ſur le papier tracez,
Sont au fond d'un bonnet par billets entaſſez.
Pour tirer ces billets avec moins d'artifice,
Guillaume, Enfant de chœur, prête ſa main novice,
Son front nouveau tondu, ſimbole de candeur,
Rougit en approchant d'une honnête pudeur.
Cependant le Prélat, l'œil au Ciel, la main nuë,
Benit trois fois les noms, & trois fois les remuë.
Il tourne le bonnet. L'Enfant tire : & Brontin
Eſt le premier des noms qu'apporte le Deſtin.
Le Prélat en conçoit un favorable augure,
Et ce nom dans la troupe excite un doux murmure.
On ſe taît; & bien-tôt on voit paroître au jour
Le nom, le fameux nom du Perruquier l'Amour.

Ce nouvel Adonis, à la blonde crinière,

REMARQUES.

Vers 206. — *Guillaume, Enfant de Chœur.* — Il y avait eu autrefois un Enfant de Chœur de ce nom-là, qui avait la voix fort belle; mais il avait quitté cette Egliſe longtemps avant l'événement qui a donné occaſion à ce Poëme.

Vers 211. — *L'Enfant tire, & Brontin.* — Son vrai nom était *Frontin*. Il était Prêtre du Diocèſe de Chartres, & Sous-Marguillier de la Sainte-Chapelle.

Vers 216. — *Le fameux nom du Perruquier l'Amour.* — Le perruquier, qui s'appelait Didier *Delamour*, & dont notre auteur raccourcit le nom pour le poétiſer, demeurait dans la cour du Palais, & ſa boutique était ſous l'eſcalier de la Sainte-Chapelle. C'était un grand & gros homme d'aſſez bon air, vigoureux & bien fait. Il avait été marié deux fois. Sa première femme était extrêmement emportée & d'une humeur très-fâcheuſe. Molière a peint le caractère de l'un & de l'autre dans ſon *Médecin malgré lui*, à la fin de la pre-

Eſt l'unique ſouci d'Anne ſa Perruquière.
Ils s'adorent l'un l'autre : & ce couple charmant
S'unit long-tems, dit-on, avant le Sacrement.
Mais depuis trois moiſſons, à leur ſaint aſſemblage
L'Official a joint le nom de mariage.
Ce Perruquier ſuperbe eſt l'effroi du quartier,
Et ſon courage eſt peint ſur ſon viſage altier.
Un des noms reſte encore, & le Prélat par grace
Une derniere fois les broüille & les reſſaſſe.
Chacun croit que ſon nom eſt le dernier des trois.
Mais que ne dis-tu point, ô puiſſant Porte-croix,
Boirude Sacriſtain, cher appui de ton Maître,
Lors qu'aux yeux du Prélat tu vis ton nom paroître ?

REMARQUES.

mière ſcène, ſur ce que M. Deſpréaux lui en avait dit.

Dans toutes les éditions qui ont précédé celle de 1701, le perſonnage mis en ſcène ici eſt l'*horloger La Tour*. Cette modification a néceſſité le changement de pluſieurs vers dans le cours du poëme.

Vers 218. — *Eſt l'unique ſouci d'Anne ſa Perruquière.* — Anne du Buiſſon, ſeconde femme du ſieur l'Amour. Ils vécurent toujours en bonne intelligence, avant & après leur mariage. Le mari mourut le 1er de mai 1697, & la femme mourut l'année ſuivante.

Vers 223. — *Ce Perruquier ſuperbe eſt l'effroi du quartier.* — Quand il arrivait quelque tumulte dans la Cour du Palais, il y mettait ordre ſur-le-champ. Il avait un grand fouet avec lequel il chaſſait les enfants & les chiens du quartier, qui faiſaient du bruit ou qui ſe battaient. Il ſe ſervait même d'un bâton à deux bouts pour écarter les Filoux & les Breteurs qui faiſaient du déſordre, & que le grand abord du monde attirait au Palais. Pendant les troubles de Paris, le Peuple ayant mis le feu aux portes de l'Hôtel-de-Ville, le ſieur l'Amour ſe fit faire place à travers cette populace mutinée, & tira de là deux ou trois de ſes amis qui y étaient en danger.

Vers 229. — *Boirude Sacriſtain.* — François *Sirude* (ou plutôt *Syreulde*, ainſi qu'un commentateur moderne le prétend) était Sous-Marguillier ou Sacriſtain de la Sainte-Chapelle. Il portait ordinairement la Croix ou la Bannière aux proceſſions.

On dit que ton front jaune, & ton teint ſans couleur,
Perdit en ce moment ſon antique pâleur;
Et que ton corps gouteux, plein d'une ardeur guerrière,
Pour ſauter au plancher, fit deux pas en arrière.
Chacun bénit tout haut l'Arbitre des Humains,
Qui remet leur bon droit en de ſi bonnes mains.
Auſſi-tôt on ſe lève; & l'Aſſemblée en foule,
Avec un bruit confus, par les portes s'écoule.

Le Prélat reſté ſeul calme un peu ſon dépit,
Et juſques au ſouper ſe couche & s'aſſoupit.

CHANT DEUXIEME.

CEPENDANT cet Oiſeau qui prône les merveilles,
Ce Monſtre compoſé de bouches & d'oreilles;
Qui ſans ceſſe volant de climats en climats,
Dit par tout ce qu'il ſait, & ce qu'il ne ſait pas;
La Renommée enfin, cette promte Courrière,
Va d'un mortel effroi glacer la Perruquière;
Lui dit que ſon Epoux, d'un faux zèle conduit,
Pour placer un Lutrin doit veiller cette nuit.
A ce triſte récit, tremblante, déſolée,
Elle accourt l'œil en feu, la tête échevelée,
Et, trop ſûre d'un mal qu'on penſe lui celer:

Oſes-tu bien encor, Traître, diſſimuler,
Dit-elle? & ni la foi que ta main m'a donnée,
Ni nos embraſſemens qu'a ſuivi l'Hymenée,
Ni ton Epouſe enfin toute prête à périr,
Ne ſauroient donc t'ôter cette ardeur de courir?

Perfide, ſi du moins, à ton devoir fidèle,
Tu veillois pour orner quelque tête nouvèle;
L'eſpoir d'un juſte gain, conſolant ma langueur,
Pourroit de ton abſence adoucir la longueur.
Mais quel zèle indiſcret, quelle aveugle entrepriſe
Arme aujourd'hui ton bras en faveur d'une Egliſe?
Où vas-tu, cher Epoux? Eſt-ce que tu me fuis?
As-tu donc oublié tant de ſi douces nuits?
Quoi! d'un œil ſans pitié vois-tu couler mes larmes?
Au nom de nos baiſers jadis ſi pleins de charmes,
Si mon cœur, de tout tems facile à tes déſirs,
N'a jamais d'un moment différé tes plaiſirs;
Si, pour te prodiguer mes plus tendres careſſes,
Je n'ai point exigé ni ſermens ni promeſſes;
Si toi ſeul à mon lit enfin eus toûjours part,
Diffère au moins d'un jour ce funeſte départ.

En achevant ces mots, cette Amante enflamée
Sur un placet voiſin tombe demi-pâmée.
Son Epoux s'en émeut, & ſon cœur éperdu
Entre deux paſſions demeure ſuſpendu;
Mais enfin rappelant ſon audace première:

Ma femme, lui dit-il, d'une voix douce & fière,
Je ne veux point nier les ſolides bienfaits
Dont ton amour prodigue a comblé mes ſouhaits:
Et le Rhin de ſes flots ira groſſir la Loire,
Avant que tes faveurs ſortent de ma mémoire.
Mais ne préſume pas, qu'en te donnant ma foi,
L'Hymen m'ait pour jamais aſſervi ſous ta loi.

Si le Ciel en mes mains eût mis ma deſtinée,
Nous aurions fui tous deux le joug de l'Hymenée :
Et ſans nous oppoſer ces devoirs prétendus,
Nous goûterions encor des plaiſirs defendus.
Ceſſe donc à mes yeux d'étaler un vain titre.
Ne m'ôte pas l'honneur d'élever un Pupitre :
Et toi-même, donnant un frein à tes deſirs,
Raffermi ma vertu qu'ébranlent tes ſoûpirs.
Que te dirai-je enfin? c'eſt le Ciel qui m'appèle.
Une Egliſe, un Prélat m'engage en ſa querèle.
Il faut partir : j'y cours. Diſſipe tes douleurs,
Et ne me trouble plus par ces indignes pleurs.

Il la quitte à ces mots. Son Amante effarée
Demeure le teint pâle, & la vûë égarée :
La force l'abandonne, & ſa bouche trois fois
Voulant le rappeler ne trouve plus de voix.
Elle fuit, & de pleurs inondant ſon viſage,
Seule pour s'enfermer vole au cinquième étage.
Mais d'un bouge prochain, accourant à ce bruit,
Sa ſervante Alizon la ratrape, & la ſuit.

Les ombres, cependant, ſur la Ville épanduës,
Du faîte des maiſons deſcendent dans les ruës :
Le ſouper hors du Chœur chaſſe les Chapelains,
Et de Chantres beuvans les cabarets ſont pleins.
Le redouté Brontin, que ſon devoir éveille,
Sort à l'inſtant chargé d'une triple bouteille
D'un vin dont Gilotin, qui ſavoit tout prévoir,
Au ſortir du Conſeil eut ſoin de le pourvoir.

L'odeur d'un jus ſi doux lui rend le faix moins rude.
Il eſt bien-tôt ſuivi du Sacriſtain Boirude,
Et tous deux, de ce pas, s'en vont avec chaleur
Du trop lent Perruquier réveiller la valeur.
Partons, lui dit Brontin. Déjà le Jour plus ſombre,
Dans les eaux s'éteignant, va faire place à l'ombre.
D'où vient ce noir chagrin, que je lis dans tes yeux?
Quoi! le Pardon ſonnant te retrouve en ces lieux?
Où donc eſt ce grand cœur, dont tantôt l'allégreſſe
Sembloit du jour trop long accuſer la pareſſe?
Marche, & ſui-nous du moins où l'honneur nous attend.

Le Perruquier honteux rougit en l'écoutant.
Auſſi-tôt de longs clous il prend une poignée:
Sur ſon épaule il charge une lourde coignée:
Et derrière ſon dos, qui tremble ſous le poids,
Il attache une ſcie en forme de carquois.
Il ſort au même inſtant, il ſe met à leur tête.
A ſuivre ce grand Chef l'un & l'autre s'apprête.
Leur cœur ſemble allumé d'un zèle tout nouveau.
Brontin tient un maillet, & Boirude un marteau.
La Lune, qui du Ciel voit leur démarche altière,
Retire en leur faveur ſa paiſible lumière.
La Diſcorde en ſoûrit, & les ſuivant des yeux,

REMARQUES.

Vers 80. — *Quoi! le Pardon ſonnant.* — Ce ſont les trois coups de cloche par leſquels on avertit le Peuple de réciter l'*Angelus*. Cet avertiſſement ſe fait le Matin, à Midi, & le Soir. On l'appelle indifféremment *Angelus*, à cauſe de la Prière qu'on dit; ou *Pardon*, à cauſe des Indulgences qui y ſont attachées.

De joie, en les voiant, pouſſe un cri dans les Cieux.
L'air, qui gémit du cri de l'horrible Déeſſe,
Va juſques dans Cîteaux réveiller la Molleſſe.
C'eſt là qu'en un dortoir elle fait ſon ſéjour.
Les Plaiſirs nonchalans folâtrent à l'entour.
L'un paîtrit dans un coin l'embonpoint des Chanoines;
L'autre broie en riant le vermillon des Moines :
La Volupté la ſert avec des yeux devots,
Et toûjours le Sommeil lui verſe des pavots.
Ce ſoir plus que jamais, en vain il les redouble.
La Molleſſe à ce bruit ſe réveille, ſe trouble.
Quand la Nuit, qui déjà va tout envelopper,
D'un funeſte récit vient encor la frapper :
Lui conte du Prélat l'entrepriſe nouvelle.
Aux piez des murs ſacrez d'une Sainte Chapelle
Elle a vû trois Guerriers, ennemis de la paix,
Marcher à la faveur de ſes voiles épais.
La Diſcorde en ces lieux menace de s'accroître.
Demain avec l'Aurore un Lutrin va paroître,
Qui doit y ſoûlever un peuple de mutins.
Ainſi le Ciel l'écrit au Livre des Deſtins.

A ce triſte Diſcours, qu'un long ſoûpir achève,
La Molleſſe, en pleurant, ſur un bras ſe relève,

REMARQUES.

Vers 98. — *Va juſques dans Cîteaux réveiller la Molleſſe.* — Cîteaux était une abbaye de l'Ordre de Saint-Bernard, ſituée en Bourgogne. Les Religieux de Cîteaux n'avaient pas embraſſé la réforme établie dans quelques Maiſons de leur Ordre ; c'eſt pourquoi l'Auteur feint que la Molleſſe fait ſon ſéjour dans un Dortoir de leur Couvent.

Ouvre un œil languiſſant, & d'une foible voix,
Laiſſe tomber ces mots, qu'elle interrompt vingt fois :
O Nuit, que m'as-tu dit ? Quel Démon ſur la Terre
Souffle dans tous les cœurs la fatigue & la guerre ?
Hélas ! qu'eſt devenu ce tems, cet heureux tems,
Où les Rois s'honoroient du nom de Fainéans,
S'endormoient ſur le Trône, & me ſervant ſans honte,
Laiſſoient leur Sceptre aux mains ou d'un Maire ou d'un Comte ?

REMARQUES.

Vers 121. — *O nuit, que m'as-tu dit?* &c. Ce Récit épiſodique de la Molleſſe eſt un morceau remarquable. Quand l'Auteur l'eut achevé, Madame de Thiange lui en demanda une copie pour la montrer au Roi. Le Roi fut extrêmement touché de la manière fine & délicate avec laquelle ſes louanges étaient exprimées dans ces vers. Il en voulut voir l'Auteur, qu'il ne connaiſſait encore que par ſes Satires ; & Sa Majeſté ordonna qu'on le fît venir à la Cour, où il parut effectivement quelques jours après, préſenté au Roi par M. de Vivonne.

Il y a trois choſes qui marquent l'adreſſe du Poëte dans ce Récit : le choix des mots, la verſification, & le détour ingénieux qu'il a pris pour louer le Roi. En effet, le Poëte s'eſt attaché à ne mettre dans la bouche de la Molleſſe que des termes qui lui conviennent particulièrement : Elle ne parle que de *Rois fainéants*, de *Sommeil*, de *Repos*, de *Douceurs*, &c. Quant à la verſification, elle eſt extrêmement douce ; les vers ſont preſque tous détachés les uns des autres ; le Diſcours eſt tout uni : il n'y a ni tranſitions, ni liaiſons, ni figures ; en un mot, tout y repréſente naïvement le caractère de la Molleſſe. Mais rien n'eſt plus heureux que la manière dont l'Eloge du Roi eſt amené ; les plaintes & les murmures que la Molleſſe fait contre la Valeur active de ce jeune Héros, ſont les plus fines louanges qu'on puiſſe donner.

Vers 124. — *Où les Rois s'honoroient du nom de Fainéans.* — Sous les derniers Rois de la première Race, toute l'Autorité Royale était exercée par un Maire du Palais ; tandis que ces Rois, que nos Hiſtoriens ont ſurnommés *Fainéants*, demeuraient enfermés dans quelque Maiſon de plaiſance, d'où ils ne ſortaient qu'une fois l'année, dans un Chariot traîné par des bœufs : cette Autorité abſolue des Maires du Palais commença ſous la minorité de Clovis II, en l'année 638, & dura juſqu'à Charles-Martel, dernier Maire du Palais, qui s'empara enfin de la Souveraineté.

Vers 126. — *Ou d'un Maire ou d'un Comte.* — Quelques Hiſtoriens ont confondu les *Maires* avec les *Comtes* du Palais, ou Comtes Palatins. Mais, à proprement parler, le Comte du Palais était le ſecond Officier de la Couronne, qui rendait la Juſtice dans le Palais du Roi. Voyez Du Cange, Diſſ. 14, ſur Joinville.

Aucun ſoin n'approchoit de leur paiſible Cour.
On repoſoit la nuit, on dormoit tout le jour.
Seulement au Printems, quand Flore dans les plaines
Faiſoit taire des Vents les bruiantes haleines,
Quatre bœufs attelez, d'un pas tranquille & lent,
Promenoient dans Paris le Monarque indolent.
Ce doux ſiècle n'eſt plus. Le Ciel impitoïable
A placé ſur leur Trône un Prince infatigable.
Il brave mes douceurs, il eſt ſourd à ma voix :
Tous les jours il m'éveille au bruit de ſes Exploits.
Rien ne peut arrêter ſa vigilante audace.
L'Eté n'a point de feux, l'Hiver n'a point de glace.
J'entens à ſon ſeul nom tous mes Sujets frémir.
En vain deux fois la Paix a voulu l'endormir;
Loin de moi ſon courage entraîné par la gloire,
Ne ſe plaît qu'à courir de victoire en victoire.
Je me fatiguerois, à te tracer le cours
Des outrages cruels qu'il me fait tous les jours.
Je croïois, loin des lieux d'où ce Prince m'exile,
Que l'Egliſe du moins m'aſſuroit un azile.
Mais en vain j'eſpérois y regner ſans effroi :
Moines, Abbez, Prieurs, tout s'arme contre moi.
Par mon exil honteux la Trape eſt anoblie.

REMARQUES.

Vers 138. — *L'Hiver n'a point de glace.* — Alluſion à la première conquête de la Franche-Comté, dont le Roi ſe rendit Maître pendant l'hiver, en dix jours, au commencement de Février 1668.

Vers 149. — *Par mon exil honteux la Trape.* — Abbaye de l'ordre de Saint-Bernard, ſituée dans le Perche & dans laquelle l'abbé Armand Bouthilier de Rancé a mis la réforme en y rétabliſſant l'étroite obſervance

J'ai vû dans Saint-Denis la réforme établie.
Le Carme, le Feüillant s'endurcit aux travaux :
Et la Règle déjà ſe remet dans Clairvaux.
Cîteaux dormoit encore, & la Sainte-Chapelle
Conſervoit du vieux tems l'oiſiveté fidelle.
Et voici qu'un Lutrin prêt à tout renverſer,
D'un ſéjour ſi chéri vient encor me chaſſer.
O Toi, de mon repos compagne aimable & ſombre,
A de ſi noirs forfaits prêteras-tu ton ombre?
Ah! Nuit, ſi, tant de fois, dans les bras de l'Amour,
Je t'admis aux plaiſirs que je cachois au jour;
Du moins ne permets pas..... La Molleſſe oppreſſée
Dans ſa bouche à ce mot ſent ſa langue glacée,
Et laſſe de parler, ſuccombant ſous l'effort,
Soûpire, étend les bras, ferme l'œil, & s'endort.

REMARQUES.

de Cîteaux. Deux ans après, en 1662, ayant prononcé ſes vœux, il continua de tenir cette abbaye, juſqu'en 1695 qu'il s'en démit. Il mourut le 26 octobre 1700.

Vers 150. — *J'ai vû dans Saint-Denis la réforme établie.* — Le Cardinal de la Rochefoucault, Commiſſaire Général pour la réforme des Ordres Religieux en France, établit la réforme dans l'Abbaye de Saint-Denis, en 1633.

Vers 152. — *Et la Règle déjà ſe remet dans Clairvaux.* — Abbaye fondée par ſaint Bernard, dans la Province de Champagne. Le Cardinal de la Rochefoucault avoit auſſi travaillé à la réforme de cette Abbaye, en 1624 & 1625.

Vers 164. — *Soûpire, étend les bras*, &c. — Ce vers exprime bien l'état d'une perſonne accablée de triſteſſe & de laſſitude, qui ſuccombe au ſommeil. Madame la Ducheſſe d'Orléans, Henriette-Anne d'Angleterre, première Femme de Monſieur, Frère du Roi, avait été ſi touchée de la beauté de ce vers, qu'ayant un jour aperçu de loin M. Deſpréaux dans la Chapelle de Verſailles, où elle était aſſiſe ſur ſon carreau, en attendant que le Roi vînt à la Meſſe; elle lui fit ſigne d'approcher, & lui dit à l'oreille : *Soupire, étend les bras, ferme l'œil, & s'endort.*

CHANT TROISIEME.

MAIS la Nuit auſſi-tôt, de ſes aîles affreuſes,
Couvre des Bourguignons les campagnes vineuſes,
Revole vers Paris, & hâtant ſon retour,
Déja de Monthléri voit la fameuſe tour.
Ses murs, dont le ſommet ſe dérobe à la vuë,
Sur la cime d'un roc s'allongent dans la nuë,
Et préſentant de loin leur objet ennuïeux,
Du Paſſant qui le fuit ſemblent ſuivre les yeux.

REMARQUES.

Vers 4. — *Déjà de Montlhéri voit la fameuſe tour.* — Tour très-haute, à ſix lieues de Paris, ſur le chemin d'Orléans. On la voit de dix lieues à la ronde.

Vers 6. — *Sur la cime d'un Roc s'allongent dans la nuë.* — On trouve dans une aſſez mauvaiſe chanſon de Voiture ce couplet, que ne dément pas le reſte de la pièce :

Nous vîmes dedans la nuë
La Tour de Mont-le-héris,
Qui pour regarder Paris,
Allongeoit ſon col de Gruë ;
Et pour y voir vos beaux yeux,
S'élevoit juſques aux Cieux.

Mille oiſeaux effraïans, mille corbeaux funèbres
De ces murs deſertez habitent les ténèbres.
Là, depuis trente hivers, un Hibou retiré
Trouvoit contre le jour un réfuge aſſuré.
Des deſaſtres fameux ce Meſſager fidelle
Sait toûjours des malheurs la première nouvelle;
Et tout prêt d'en ſemer le préſage odieux,
Il attendoit la Nuit dans ces ſauvages lieux.
Aux cris, qu'à ſon abord vers le Ciel il envoie,
Il rend tous ſes Voiſins attriſtez de ſa joie.
La plaintive Progné de douleur en frémit:
Et dans les bois prochains Philomèle en gémit.
Sui-moi, lui dit la Nuit. L'Oiſeau plein d'allègreſſe
Reconnoit à ce ton la voix de ſa Maîtreſſe.
Il la ſuit: & tous deux, d'un cours précipité,
De Paris à l'inſtant abordent la Cité.
Là, s'élançant d'un vol que le vent favoriſe,
Ils montent au ſommet de la fatale Egliſe.
La Nuit baiſſe la vûë, & du haut du clocher
Obſerve les Guerriers, les regarde marcher.
Elle voit le Barbier, qui d'une main légère,
Tient un verre de vin, qui rit dans la fougère;

REMARQUES.

Vers 30. — *Tient un verre de vin qui rit dans la fougère.*—On appelle *Verres de fougère* ceux dans la compoſition deſquels il entre du ſel tiré de la cendre de Fougère. On ſe ſervait autrefois de cette cendre, parce que la fougère eſt une plante fort commune, & que ſes cendres contiennent beaucoup de ſel alcali. Ce ſel, mêlé avec du ſable qu'on faiſait fondre par un feu violent, fourniſſait la matière du verre.

Et chacun tour à tour s'inondant de ce jus,
Célebrer, en beuvant, Gilotin & Bacchus.
Ils triomphent, dit-elle, & leur ame abuſée
Se promet dans mon ombre une victoire aiſée.

Mais allons, il eſt tems qu'ils connoiſſent la Nuit.
A ces mots, regardant le Hibou qui la ſuit,
Elle perce les murs de la voute ſacrée;
Juſqu'en la Sacriſtie elle s'ouvre une entrée,
Et dans le ventre creux du Pupitre fatal
Va placer de ce pas le ſiniſtre Animal.

Mais les trois Champions pleins de vin & d'audace,
Du Palais cependant paſſent la grande place:
Et ſuivant de Bacchus les auſpices ſacrez,
De l'auguſte Chapelle ils montent les degrez.
Ils atteignoient déja le ſuperbe Portique,
Où Ribou le Libraire, au fond de ſa boutique,
Sous vingt fidèles clés, garde & tient en dépôt
L'amas toûjours entier des Ecrits de Haynaut.

REMARQUES.

Vers 46. — *Où Ribou le Libraire.* — La boutique de Jean Ribou était ſur le troiſième Perron de la Sainte-Chapelle, vis-à-vis la porte de cette Egliſe.

Vers 48. — *L'amas toûjours entier des Ecrits de Haynaut.* — Ribou le Libraire avait imprimé en 1669 une Comédie de Bourſaut contre notre Auteur, intitulée : *La Satire des Satires.* C'eſt pourquoi dans les premières éditions du Lutrin on avait mis ici : *Des écrits de Burſoſt.* Mais Bourſaut s'étant réconcilié avec l'Auteur, on effaça ſon nom, & on mit celui de *Peroſt* dans l'édition de 1694, parce qu'alors M. Perraut était brouillé avec M. Deſpréaux, au ſujet des Anciens & des Modernes. Cette brouillerie étant finie, l'Auteur mit *Haynaut* dans l'édition de 1701. C'eſt un Poëte dont il a été parlé ſur le vers 97 de la Satire IX.

Quand Boirude, qui voit que le péril approche,
Les arrête, & tirant un fuſil de ſa poche,
Des veines d'un caillou, qu'il frappe au même inſtant,
Il fait jaillir un feu qui petille en ſortant :
Et bien-tôt au brazier d'une mêche enflamée,
Montre, à l'aide du ſouffre, une cire allumée.
Cet Aſtre tremblotant, dont le jour les conduit,
Eſt pour eux un Soleil au milieu de la nuit.
Le Temple à ſa faveur eſt ouvert par Boirude.
Ils paſſent de la Nef la vaſte ſolitude,
Et dans la Sacriſtie entrant, non ſans terreur,
En percent juſqu'au fond la ténébreuſe horreur.
C'eſt là que du Lutrin gît la machine énorme.
La troupe quelque tems en admire la forme.
Mais le Barbier, qui tient les momens précieux :
Ce ſpectacle n'eſt pas pour amuſer nos yeux,
Dit-il, le tems eſt cher, portons-le dans le Temple.
C'eſt là qu'il faut demain qu'un Prélat le contemple.
Et d'un bras, à ces mots, qui peut tout ébranler,
Lui-même, ſe courbant, s'apprête à le rouler.
Mais à peine il y touche, ô prodige incroïable :
Que du Pupitre ſort une voix effroïable.
Brontin en eſt émû, le Sacriſtain pâlit,
Le Perruquier commence à regretter ſon lit.

REMARQUES.

Vers 58. — *Ils paſſent de la Nef la vaſte ſolitude.* — M. Deſpréaux aimait ce vers & les deux ſuivants, comme exprimant bien le ſilence d'une égliſe durant la nuit.

Dans ſon hardi projet toutefois il s'obſtine :
Lorſque des flancs poudreux de la vaſte machine
L'Oiſeau ſort en courroux, & d'un cri menaçant
Achève d'étonner le Barbier frémiſſant.
De ſes aîles dans l'air ſecoüant la pouſſière,
Dans la main de Boirude il éteint la lumière ;
Les Guerriers à ce coup demeurent confondus :
Ils regagnent la Nef de fraïeur éperdus.
Sous leurs corps tremblotans leurs genoux s'affoibliſſent ;
D'une ſubite horreur leurs cheveux ſe hériſſent ;
Et bien-tôt, au travers des ombres de la nuit,
Le timide Eſcadron ſe diſſipe & s'enfuit.
Ainſi lorſqu'en un coin, qui leur tient lieu d'azile,
D'Ecoliers libertins une troupe indocile,
Loin des yeux d'un Préfet au travail aſſidu,
Va tenir quelquefois un Brelan deffendu :
Si du veillant Argus la figure effraïante
Dans l'ardeur du plaiſir à leurs yeux ſe préſente,
Le jeu ceſſe à l'inſtant, l'azile eſt deſerté,
Et tout fuit à grans pas le Tiran redouté.

La Diſcorde qui voit leur honteuſe diſgrace,
Dans les airs cependant tonne, éclate, menace,
Et malgré la fraïeur dont leurs cœurs ſont glacez,
S'apprête à réünir ſes Soldats diſperſez.
Auſſi-tôt de Sidrac elle emprunte l'image :
Elle ride ſon front, allonge ſon viſage,
Sur un bâton noüeux laiſſe courber ſon corps,
Dont la Chicane ſemble animer les reſſorts ;

Prend un cierge en ſa main, &, d'une voix caſſée,
Vient ainſi gourmander la Troupe terraſſée :

Lâches, où fuïez-vous? Quelle peur vous abbat?
Aux cris d'un vil Oiſeau vous cedez ſans combat!
Où ſont ces beaux diſcours jadis ſi pleins d'audace?
Craignez-vous d'un Hibou l'impuiſſante grimace?
Que feriez-vous, hélas! ſi quelque exploit nouveau
Chaque jour, comme moi, vous traînoit au Barreau?
S'il falloit ſans amis, briguant une audience,
D'un Magiſtrat glacé ſoûtenir la préſence :
Ou d'un nouveau procès hardi Solliciteur,
Aborder ſans argent un Clerc de Rapporteur?
Croiez-moi, mes Enfans : je vous parle à bon titre.
J'ai moi ſeul autrefois plaidé tout un Chapitre :
Et le Barreau n'a point de monſtres ſi hagards,
Dont mon œil n'ait cent fois ſoûtenu les regards.
Tous les jours ſans trembler j'aſſiégeois leurs paſſages.
L'Egliſe étoit alors fertile en grans courages.
Le moindre d'entre nous, ſans argent, ſans appui,
Eût plaidé le Prélat, & le Chantre avec lui.
Le Monde, de qui l'âge avance les ruines,
Ne peut plus enfanter de ces ames divines.
Mais que vos cœurs du moins, imitant leurs vertus,
De l'aſpect d'un Hibou ne ſoient pas abbatus.
Songez quel deshonneur va ſoüiller votre gloire,
Quand le Chantre demain entendra ſa victoire.
Vous verrez tous les jours le Chanoine inſolent,
Au ſeul mot de Hibou, vous ſoûrire en parlant.

Votre ame, à ce penſer, de colère murmure :
Allez donc de ce pas en prévenir l'injure.
Méritez les lauriers qui vous ſont réſervez,
Et reſſouvenez-vous quel Prélat vous ſervez.
Mais déja la fureur dans vos yeux étincèle.
Marchez, courez, volez où l'honneur vous appèle.
Que le Prélat, ſurpris d'un changement ſi prompt,
Apprenne la vengeance auſſi-tôt que l'affront.

En achevant ces mots, la Déeſſe guerrière
De ſon pié trace en l'air un ſillon de lumière;
Rend aux trois Champions leur intrépidité,
Et les laiſſe tous pleins de ſa divinité.
C'eſt ainſi, grand Condé, qu'en ce Combat célèbre,
Où ton bras fit trembler le Rhin, l'Eſcaut, & l'Ebre,
Lors qu'aux plaines de Lens nos bataillons pouſſez
Furent preſque à tes yeux ouverts & renverſez :
Ta valeur, arrêtant les Troupes fugitives,
Rallia d'un regard leurs cohortes craintives :
Répandit dans leurs rangs ton eſprit belliqueux,
Et força la Victoire à te ſuivre avec eux.

La colère à l'inſtant ſuccedant à la crainte,
Ils rallument le feu de leur bougie éteinte.

REMARQUES.

Vers 141. — *C'eſt ainſi, grand Condé, qu'en ce Combat célèbre.* — La Bataille de Lens, gagnée par M. le Prince de Condé, contre les Eſpagnols & les Allemands, le 20 août 1648.

Ils rentrent. L'Oiſeau ſort. L'Eſcadron raffermi
Rit du honteux départ d'un ſi foible Ennemi.
Auſſi-tôt dans le Chœur la Machine emportée,
Eſt ſur le banc du Chantre à grand bruit remontée.
Ses ais demi-pourris, que l'âge a relâchez,
Sont à coups de maillet unis & rapprochez.
Sous les coups redoublez tous les bancs retentiſſent,
Les murs en ſont émûs, les voutes en mugiſſent,
Et l'Orgue même en pouſſe un long gémiſſement.
Que fais-tu Chantre, hélas! dans ce triſte moment?
Tu dors d'un profond ſomme, & ton cœur ſans alarmes
Ne ſait pas qu'on bâtit l'inſtrument de tes larmes.
O! que ſi quelque bruit, par un heureux réveil,
T'annonçoit du Lutrin le funeſte appareil,
Avant que de ſouffrir qu'on en poſât la maſſe,
Tu viendrois en Apôtre expirer dans ta place;
Et Martyr glorieux d'un point-d'honneur nouveau,
Offrir ton corps aux clous & ta tête au marteau.

Mais déja ſur ton banc la machine enclavée
Eſt durant ton ſommeil à ta honte élevée.
Le Sacriſtain achève en deux coups de rabot:
Et le Pupitre enfin tourne ſur ſon pivot.

REMARQUES.

Vers 171. — *Le Sacriſtain achève*, &c. — Les deux derniers vers de ce chant ſont d'une harmonie imitative de la plus grande beauté.

Ernest Hillemacher inv. del. 1861 Fréd. Hillemacher sc. aquaforti.

CHANT QUATRIEME.

ES Cloches dans les airs, de leurs voix argentines,
Appeloient à grand bruit les Chantres à Matines :
Quand leur Chef, agité d'un ſommeil effraïant,
Encor tout en ſueur ſe réveille en criant.
Aux élans redoublez de ſa voix douloureuſe,
Tous ſes valets tremblans quittent la plume oiſeuſe,
Le vigilant Girot court à lui le premier.
C'eſt d'un Maître ſi ſaint le plus digne Officier.
La porte dans le Chœur à ſa garde eſt commiſe :
Valet ſouple au logis, fier Huiſſier à l'Egliſe.

REMARQUES.

Vers 3. — *Quand leur Chef.* — Le Chantre.

Vers 7. — *Le vigilant Girot.* — Brunot. Il était fâché que l'Auteur ne l'eût pas déſigné par ſon véritable nom.

Vers 10. — *Valet ſouple au logis, fier Huiſſier à l'Egliſe.* — Brunot était Valet de Chambre du Chantre, & Huiſſier de la Sainte-Chapelle. Cet Huiſſier eſt un Bedeau, ou Porte-verge, dont la principale fonction eſt de garder la porte du Chœur. Il était fort ſoumis auprès de ſon Maître, mais dans l'Egliſe il faiſait ſon emploi avec beaucoup de

Quel chagrin, lui dit-il, trouble votre ſommeil?
Quoi? voulez-vous au Chœur prévenir le Soleil?
Ah! dormez, & laiſſez à des Chantres vulgaires
Le ſoin d'aller ſi-tôt mériter leurs ſalaires.

Ami, lui dit le Chantre encor pâle d'horreur,
N'inſulte point, de grace, à ma juſte terreur.
Mêle plûtôt ici tes ſoupirs à mes plaintes,
Et tremble en écoutant le ſujet de mes craintes.
Pour la ſeconde fois un ſommeil gracieux
Avoit ſous ſes pavots appeſanti mes yeux:
Quand, l'eſprit enivré d'une douce fumée,
J'ai crû remplir au Chœur ma place accoûtumée.
Là, triomphant aux yeux des Chantres impuiſſans,
Je beniſſois le peuple, & j'avalois l'encens:
Lorſque du fond caché de notre Sacriſtie,
Une épaiſſe nuée à longs flots eſt ſortie,
Qui s'ouvrant à mes yeux, dans ſon bluâtre éclat,
M'a fait voir un Serpent conduit par le Prélat.
Du corps de ce Dragon plein de ſouffre & de nitre,
Une tête ſortoit en forme de Pupitre,

REMARQUES.

fierté. M. le Premier Préſident de Lamoignon, voiſin de la Sainte-Chapelle, où il allait ordinairement à l'Office, connaiſſait cet Huiſſier qui ſe faiſait aſſez remarquer. Toutes les fois qu'il le voyait en fonction, ce vers lui revenait dans la mémoire, & il ne pouvait s'empêcher de dire tout bas : *Valet ſouple au logis, fier Huiſſier à l'Egliſe.*

Vers 24. — *Je beniſſois le peuple, & j'avalois l'encens.* — Voyez la Remarque ci-après ſur le vers 46.

Dont le triangle affreux, tout hériſſé de crins,
Surpaſſoit en groſſeur nos plus épais Lutrins.
Animé par ſon guide, en ſiflant il s'avance :
Contre moi ſur mon banc je le voi qui s'élance.
J'ai crié, mais en vain ; & fuïant ſa fureur,
Je me ſuis réveillé plein de trouble & d'horreur.

Le Chantre, s'arrêtant à cet endroit funeſte,
A ſes yeux effraïez laiſſe dire le reſte.
Girot en vain l'aſſure, & riant de ſa peur,
Nomme ſa viſion, l'effet d'une vapeur.
Le déſolé Vieillard, qui hait la raillerie,
Lui deffend de parler, ſort du lit en furie.
On apporte à l'inſtant ſes ſomptueux habits,
Où ſur l'oüate molle éclate le tabis.
D'une longue ſoutane il endoſſe la moire,
Prend ſes gants violets, les marques de ſa gloire,
Et ſaiſit, en pleurant, ce rochet qu'autrefois
Le Prélat trop jaloux lui rogna de trois doigts.

REMARQUES.

Vers 44. — *Où ſur l'oüate molle.* — Nos Anciens diſaient *Ove*, pour *Oie*, & *Oüette*, pour *Oiſon*. Le mot d'*Ouate*, qu'on prononce *Ouette* en Province, vient de là, par rapport à ce mol duvet, que Rabelais, L. 1. c. 13, exalte ſi fort dans les Oiſons. Cette étymologie eſt de M. de la Monnoye.

Vers 46. — *Prend ſes gants violets*, &c. — En l'abſence du Tréſorier, le Chantre était en poſſeſſion de faire l'Office avec les ornements Pontificaux, de ſe faire encenſer, & de donner la bénédiction au Peuple. Le Tréſorier ne put ſouffrir que l'on partageât ainſi ſes honneurs. Il obtint un Arrêt du Parlement qui le maintint dans ſa prérogative d'être encenſé tout ſeul, & qui condamna le Chantre à porter un Rochet plus court que le ſien ; mais il ne put lui faire défendre de donner les bénédictions en ſon abſence. C'était le ſujet de la jalouſie du Tréſorier.

Auſſi-tôt d'un bonnet ornant ſa tête griſe,
Déja l'aumuſſe en main il marche vers l'Egliſe;
Et hâtant de ſes ans l'importune langueur,
Court, vole, & le premier arrive dans le Chœur.

O toi, qui ſur ces bords qu'une eau dormante moüille,
Vis combattre autrefois le Rat & la Grenoüille :
Qui, par les traits hardis d'un bizarre pinceau,
Mis l'Italie en feu pour la perte d'un Seau :
Muſe, prête à ma bouche une voix plus ſauvage,
Pour chanter le dépit, la colère, la rage
Que le Chantre ſentit allumer dans ſon ſang,
A l'aſpect du Pupitre élevé ſur ſon banc!
D'abord pâle & muet, de colère immobile,
A force de douleur, il demeura tranquille :

REMARQUES.

Vers 49.— *Auſſi-tôt d'un bonnet ornant*, &c. — Ce Vers eſt remarquable par la Critique dont le Roi l'a honoré. Avant l'impreſſion de ce Poëme l'Auteur le lut à Sa Majeſté. Il y avait ici :

> *Alors d'un Domino couvrant ſa tête griſe*
> *Déjà l'Aumuſſe en main, &c.*

Après la lecture de ce Chant, le Roi fit remarquer à M. Deſpréaux, que le *Domino* & l'*Aumuſſe* ſont deux choſes qui ne vont pas enſemble : car le *Domino* eſt un habillement d'hiver, & l'*Aumuſſe* eſt pour l'Eté. *D'ailleurs*, continua le Roi, *vous venez de dire :* Déjeunons, Meſſieurs, & beuvons frais ; *cela marque que l'Action de votre Poëme ſe paſſe en Eté.* Sur-le-champ M. Deſpréaux changea le vers dont il s'agit. Le Roi ajouta en ſouriant : *Ne ſoïez pas étonné de me voir inſtruit de ces ſortes d'uſages : Je ſuis Chanoine en pluſieurs Egliſes.* En effet, le Roi de France était Chanoine de Saint-Jean de Latran, de Saint-Jean de Lyon, des Egliſes d'Angers, du Mans, de Saint-Martin de Tours, & de quelques autres.

Vers 54. — *Vis combattre autrefois le Rat & la Grenoüille.* — Homère, ſuivant l'opinion commune, a fait le Poëme de la guerre des Rats & des Grenouilles.

Vers 56. — *Mis l'Italie en feu pour la perte d'un Seau.* — La *Secchia rapita.* Le Taſſone, auteur du poëme qui porte ce nom, mourut à Modène en 1635.

Mais ſa voix s'échappant au travers des ſanglots,
Dans ſa bouche à la fin fit paſſage à ces mots :

La voilà donc, Girot, cette hydre épouvantable,
Que m'a fait voir un ſonge, hélas! trop véritable.
Je le vois, ce Dragon tout prêt à m'égorger,
Ce Pupitre fatal qui me doit ombrager.
Prélat, que t'ai-je fait? quelle rage envieuſe
Rend pour me tourmenter ton ame ingénieuſe?
Quoi? même dans ton lit, Cruël, entre deux draps,
Ta profane fureur ne ſe repoſe pas?
O Ciel! quoi? ſur mon banc une honteuſe maſſe
Deſormais me va faire un cachot de ma place?
Inconnu dans l'Egliſe, ignoré dans ce lieu,
Je ne pourrai donc plus être vû que de Dieu?
Ah! plûtôt qu'un moment cet affront m'obſcurciſſe,
Renonçons à l'Autel, abandonnons l'Office;
Et, ſans laſſer le Ciel par des chants ſuperflus,
Ne voions plus un Chœur où l'on ne nous voit plus.
Sortons. Mais cependant mon Ennemi tranquille
Joüira ſur ſon banc de ma rage inutile;
Et verra dans le Chœur le Pupitre exhauſſé
Tourner ſur le pivot où ſa main l'a placé.
Non, s'il n'eſt abattu, je ne ſaurois plus vivre.
A moi, Girot, je veux que mon bras m'en délivre.
Périſſons, s'il le faut : mais de ſes ais briſez
Entraînons, en mourant, les reſtes diviſez.

A ces mots, d'une main par la rage affermie,

Il ſaiſiſſoit déja la Machine ennemie,
Lors qu'en ce ſacré lieu, par un heureux hazard,
Entrent Jean le Choriſte, & le Sonneur Girard,
Deux Manceaux renommez, en qui l'expérience
Pour les procès eſt jointe à la vaſte ſçience.
L'un & l'autre auſſi-tôt prend part à ſon affront.
Toutefois condamnant un mouvement trop prompt,
Du Lutrin, diſent-ils, abbattons la Machine :
Mais ne nous chargeons pas tous ſeuls de ſa ruïne ;
Et que tantôt, aux yeux du Chapitre aſſemblé,
Il ſoit ſous trente mains en plein jour accablé.

Ces mots des mains du Chantre arrachent le Pupitre.
J'y conſens, leur dit-il, aſſemblons le Chapitre.
Allez donc de ce pas, par de ſaints hurlemens,
Vous-mêmes appeler les Chanoines dormans.
Partez. Mais ce diſcours les ſurprend & les glace.
Nous? qu'en ce vain projet, pleins d'une folle audace,
Nous allions, dit Girard, la nuit nous engager?
De notre complaiſance oſez-vous l'exiger?
Hé, Seigneur! Quand nos cris pourroient, du fond des ruës,

REMARQUES.

Vers 92. — *Entrent Jean le Choriſte & le Sonneur Girard.* — *Jean le Choriſte :* Perſonnage ſuppoſé. *Girard,* Sonneur de la Sainte-Chapelle, était mort longtemps avant la compoſition de ce Poëme. Il ſe noya dans la Seine, ayant gagé qu'il la paſſerait neuf fois à la nage. Il eut un jour la témérité de monter ſur les rebords du toit de la Sainte-Chapelle, ayant une bouteille à la main ; & là en préſence d'une infinité de gens qui le regardaient d'en bas avec frayeur, il vida d'un trait cette bouteille, & s'en retourna. M. Deſpréaux, qui était alors Ecolier, fut ſpectateur de cette ſcène.

De leurs appartemens percer les avenuës,
Réveiller ces Valets autour d'eux étendus,
De leur ſacré repos miniſtres aſſidus,
Et pénétrer des lits au bruit inacceſſibles;
Penſez-vous, au moment que les ombres paiſibles
A ces lits enchanteurs ont ſû les attacher,
Que la voix d'un Mortel les en puiſſe arracher?
Deux Chantres feront-ils, dans l'ardeur de vous plaire,
Ce que depuis trente ans ſix cloches n'ont pû faire?

Ah! je vois bien où tend tout ce diſcours trompeur,
Reprend le chaud Vieillard : le Prélat vous fait peur.
Je vous ai vû cent fois ſous ſa main béniſſante
Courber ſervilement une épaule tremblante.
Hé bien, allez, ſous lui fléchiſſez les genoux.
Je ſaurai réveiller les Chanoines ſans vous.
Vien, Girot, ſeul ami qui me reſte fidelle :
Prenons du ſaint Jeudi la bruïante Creſſelle.
Sui-moi. Qu'à ſon lever le Soleil aujourd'hui
Trouve tout le Chapitre éveillé devant lui.

Il dit. Du fond poudreux d'une armoire ſacrée
Par les mains de Girot la Creſſelle eſt tirée.

REMARQUES.

Vers 126. — *Prenons du Saint Jeudi la bruïante Creſſelle.* — Inſtrument de bois, en forme de moulinet, qui fait beaucoup de bruit en le tournant. On s'en ſert le Jeudi & le Vendredi Saint, au lieu des cloches. On dit auſſi *Crecerelle*.

Ils ſortent à l'inſtant, & par d'heureux efforts
Du lugubre inſtrument font crier les reſſorts.
Pour augmenter l'effroi, la Diſcorde infernale
Monte dans le Palais, entre dans la grand' Sale,
Et du fond de cet antre, au travers de la nuit,
Fait ſortir le Démon du tumulte & du bruit.
Le quartier alarmé n'a plus d'yeux qui ſommeillent.
Déja de toutes parts les Chanoines s'éveillent.
L'un croit que le tonnerre eſt tombé ſur les toits,
Et que l'Egliſe brûle une ſeconde fois.
L'autre encore agité de vapeurs plus funèbres,
Penſe être au Jeudi-Saint, croit que l'on dit Ténèbres,
Et déja tout confus tenant midi ſonné,
En ſoi-même fremit de n'avoir point dîné.

Ainſi, lors que tout prêt à briſer cent murailles,
LOUIS, la foudre en main, abandonnant Verſailles,
Au retour du Soleil & des Zéphirs nouveaux,
Fait dans les champs de Mars déploier ſes drapeaux :
Au ſeul bruit répandu de ſa marche étonnante,
Le Danube s'émeut, le Tage s'épouvante,
Bruxelle attend le coup qui la doit foudroïer,
Et le Batave encore eſt prêt à ſe noïer.

REMARQUES.

Vers 140. — *Et que l'Egliſe brûle une ſeconde fois.* — Le toit de la Sainte-Chapelle fut brûlé en 1630, au rapport de Le Maire, dans ſon *Paris ancien & nouveau*, tome 1, p. 449. M. Deſpréaux avait marqué dans une note marginale que cet incendie arriva en 1618, mais il le confondait avec celui de la grande Salle du Palais.

Vers 152. — *Et le Batave encore eſt prêt à ſe noïer.* — Après le paſſage du Rhin, le Roi

Mais en vain dans leurs lits un jufte effroi les preffe :
Aucun ne laiffe encor la plume enchantereffe.
Pour les en arracher Girot s'inquietant,
Va crier qu'au Chapitre un repas les attend.
Ce mot dans tous les cœurs répand la vigilance.
Tout s'ébranle, tout fort, tout marche en diligence.
Ils courent au Chapitre, & chacun fe preffant
Flatte d'un doux efpoir fon appétit naiffant.
Mais, ô d'un déjeuner vaine & frivole attente !
A peine ils font affis, que d'une voix dolente,
Le Chantre défolé, lamentant fon malheur,
Fait mourir l'appétit, & naître la douleur.
Le feul Chanoine Evrard, d'abftinence incapable,
Ofe encor propofer qu'on apporte la table.
Mais il a beau preffer ; aucun ne lui répond.
Quand le premier rompant ce filence profond,
Alain touffe, & fe lève ; Alain ce favant homme,

REMARQUES.

s'était rendu maître de prefque toute la Hollande ; Amfterdam même fe difpofait à lui envoyer fes clefs. Les Hollandais pour fauver le refte de leur pays, n'eurent d'autre reffource que de le fubmerger entièrement, en lâchant leurs éclufes.

Vers 165. — *Le feul Chanoine Evrard.* — L'Abbé Danfe. Ce Chanoine aimait également la bonne chère & la propreté. Louis Roger Danfe mourut à Paris en 1696.

Vers 169. — *Alain touffe & fe lève.* — Son nom était Aubery, que l'on prononce Aubry. Il ne parlait jamais fans touffer une ou deux fois auparavant. M. le Premier Préfident de Lamoignon l'avait choifi depuis longtemps pour fon Confeffeur, & lui avait procuré un Canonicat à la Sainte-Chapelle. Il avait été précédemment Chanoine de Saint-Jacques-l'Hôpital & puis du Saint-Sépulcre. Ce prêtre, homme de beaucoup de piété, était fort oppofé aux Janféniftes, & cela eft marqué par le difcours qu'on lui fait tenir ici & par la qualité des livres fur lefquels on fait rouler fa fcience & fes lectures. Du refte, il avait peu d'efprit, & quoiqu'il fût bien défigné dans le *Lutrin*, on dit qu'il lut plufieurs fois ce poëme fans s'y reconnaître. Il mourut dans un âge fort avancé.

Qui de Bauni vingt fois a lû toute la Somme,
Qui poſſède Abéli, qui ſait tout Raconis,
Et même entend, dit-on, le Latin d'A-Kempis.

N'en doutez point, leur dit ce ſavant Canoniſte,
Ce coup part, j'en ſuis ſûr, d'une main Janſéniſte.
Mes yeux en ſont témoins : j'ai vû moi-même hier
Entrer chez le Prélat le Chapelain Garnier.
Arnauld, cet Héretique ardent à nous détruire,
Par ce Miniſtre adroit tente de le ſéduire.
Sans doute il aura lû dans ſon Saint Auguſtin,
Qu'autrefois Saint Loüis érigea ce Lutrin.

REMARQUES.

Vers 170. — *Qui de Bauni vingt fois a lû toute la Somme.* — *La Somme des péchez qui ſe commettent en tous états*, par le P. Bauny, Jéſuite. Ce Livre parut en 1634 & a été réimprimé pluſieurs fois.

Vers 171. — *Qui ſait tout Raconis.* — Charles-François d'Abra, de Raconis, a été Profeſſeur de Philoſophie, Docteur de Sorbonne, Prédicateur & Aumônier de Louis XIII, & enfin Evêque de Lavour. Il était auſſi Anti-Janſéniſte. Il fit imprimer une Philoſophie en 1617. Ses ouvrages, aujourd'hui mépriſés, lui donnèrent une grande réputation.

Vers 172. — *Le Latin d'A-Kempis.* — A-Kempis paſſe pour l'auteur de l'*Imitation de Jéſus-Chriſt*, que d'autres attribuent au docteur Jean Gerſon, chancelier de l'Univerſité de Paris.

Vers 176. — *Le Chapelain Garnier.* — Louis Le Fournier, Chapelain perpétuel de la Sainte-Chapelle, natif de Villeneuve-au-Perche. Il était ennemi des brigues & des cabales qui ſont ſi communes dans les Chapitres : ainſi, il n'avait jamais pris de parti dans les démêlés du Tréſorier & du Chantre. M. Arnauld l'allait voir ſouvent, & le Chanoine Aubery regardait ce Chapelain comme un Janſéniſte.

Vers 179. — *Sans doute il aura lû dans ſon Saint Auguſtin.* — M. Arnauld, Docteur de Sorbonne, avait fait une étude particulière des écrits de ſaint Auguſtin, dont il a traduit en français pluſieurs Traités, comme celui *des Mœurs de l'Egliſe Catholique*, celui *de la Correction & de la Grâce*, celui *de la véritable Religion*, le *Manuel de la Foi*, &c.

Vers 180. — *Qu'autrefois ſaint Loüis érigea ce Lutrin.* — Le Chanoine ignorant qui parle, fait ici un terrible anachroniſme : car il y a un intervalle d'environ huit cents ans entre ſaint Auguſtin & ſaint Louis, fondateur de la Sainte-Chapelle.

Il va nous inonder des torrens de ſa plume.
Il faut, pour lui répondre, ouvrir plus d'un volume.
Conſultons ſur ce point quelque Auteur ſignalé.
Voïons ſi des Lutrins Bauni n'a point parlé.
Etudions enfin, il en eſt tems encore;
Et pour ce grand projet, tantôt dès que l'Aurore
Rallumera le jour dans l'onde enſevéli,
Que chacun prenne en main le moëleux Abéli.

Ce conſeil imprévû de nouveau les étonne :
Sur tout le gras Evrard d'épouvante en friſſonne.
Moi? dit-il, qu'à mon âge, Ecolier tout nouveau,
J'aille pour un Lutrin me troubler le cerveau?
O le plaiſant conſeil! Non, non, ſongeons à vivre.
Va maîgrir, ſi tu veux, & ſécher ſur un livre.
Pour moi, je lis la Bible autant que l'Alcoran.
Je ſai ce qu'un Fermier nous doit rendre par an :
Sur quelle vigne à Rheims nous avons hypothèque.

REMARQUES.

Vers 188. — *Le moëleux Abéli.* — Fameux Auteur de la Moële Théologique : *Medulla Theologica.* Comme on parlait un jour de cet Ouvrage, l'Abbé le Camus, qui fut depuis Evêque de Grenoble & Cardinal dit : *La Lune étoit en décours quand il fit cela.* Avant la compoſition du *Lutrin*, le livre de M. Abéli était en réputation parmi les Théologiens, & il n'y avait point d'Ouvrage de cette eſpèce qui eût plus de cours que celui-là. Mais dès que le *Lutrin* parut, ce Poëme fit tomber la *Moële Théologique*, & depuis longtemps on ne la lit plus.

Vers 197. — *Sur quelle vigne à Rheims nous avons hypothèque.* — L'Abbaye de Saint Nicaiſe de Reims en Champagne était unie au Chapitre de la Sainte-Chapelle. Comme le vin faiſait le principal revenu de cette Abbaye, chaque Chanoine devait avoir tous les ans un muid de vin de Reims, mais cela s'appréciait, & l'on employait cet argent aux dépenſes néceſſaires de la Sainte-Chapelle.

Vingt muids rangez chez moi font ma Bibliothèque.
En plaçant un Pupitre on croit nous rabaiſſer.
Mon bras ſeul ſans Latin ſaura le renverſer.
Que m'importe qu'Arnauld me condamne ou m'approuve?
J'abbats ce qui me nuit par tout où je le trouve.
C'eſt là mon ſentiment. A quoi bon tant d'apprêts?
Du reſte déjeûnons, Meſſieurs, & beuvons frais.

Ce diſcours, que ſoutient l'embonpoint du viſage,
Rétablit l'appétit, réchauffe le courage :
Mais le Chantre ſur tout en paroît raſſûré.

Ouï, dit-il, le Pupitre a déja trop duré.
Allons ſur ſa ruïne aſſûrer ma vengeance.
Donnons à ce grand œuvre une heure d'abſtinence;
Et qu'au retour tantôt un ample déjeûner
Long-tems nous tienne à table & s'uniſſe au dîner.

Auſſi-tôt il ſe lève, & la Troupe fidèle
Par ces mots attirans ſent redoubler ſon zèle.
Ils marchent droit au Chœur d'un pas audacieux :
Et bien-tôt le Lutrin ſe fait voir à leurs yeux.
A ce terrible objet aucun d'eux ne conſulte.
Sur l'Ennemi commun ils fondent en tumulte.
Ils ſappent le pivot, qui ſe deffend en vain.
Chacun ſur lui d'un coup veut honorer ſa main.
Enfin ſous tant d'efforts la Machine ſuccombe,
Et ſon corps entr'ouvert chancèle, éclate, & tombe.

Tel ſur les monts glacez des farouches Gelons
Tombe un chêne battu des voiſins Aquilons;
Ou tel, abandonné de ſes poutres uſées,
Fond enfin un vieux toit ſous ſes tuiles briſées.

La Maſſe eſt emportée, & ſes ais arrachez
Sont aux yeux des Mortels chez le Chantre cachez.

REMARQUES.

Vers 223. — *Tel ſur les monts glacez des farouches Gelons.* — Peuples de la Scythie, entre les Thraces & les Gètes, vers l'embouchure du Danube.

Ernest Hillemacher inv. del. 1861 Fréd. Hillemacher sc. aqua forti

CHANT CINQUIEME.

L'AURORE cependant, d'un juſte effroi troublée,
Des Chanoines levez voit la troupe aſſemblée,
Et contemple long-tems, avec des yeux confus,
Ces viſages fleuris qu'elle n'a jamais vûs.
Chez Sidrac auſſi-tôt Brontin d'un pié fidèle
Du Pupitre abbattu va porter la nouvèle.
Le Vieillard de ſes ſoins bénit l'heureux ſuccès,
Et ſur un bois détruit, bâtit mille procès.
L'eſpoir d'un doux tumulte échauffant ſon courage,
Il ne ſent plus le poids ni les glaces de l'âge;

REMARQUES.

Les deux derniers Chants de ce Poëme n'ont été faits que longtemps après les quatre premiers; & l'Auteur les donna au public en 1683. La veille du jour que M. Colbert mourut, M. l'Abbé Gallois lui lut les deux derniers Chants du *Lutrin;* & ce Miniſtre, tout malade qu'il était, ne laiſſa pas de rire, au récit du combat imaginaire des Chantres & des Chanoines. Ce combat eſt une fiction du Poëte.

Et chez le Tréſorier, de ce pas, à grand bruit,
Vient étaler au jour les crimes de la nuit.
Au récit imprévû de l'horrible inſolence,
Le Prélat hors du lit impétueux s'élance.
Vainement d'un breuvage, à deux mains apporté,
Gilotin avant tout le veut voir humecté.
Il veut partir à jeun, il ſe peigne, il s'apprête,
L'yvoire trop hâté deux fois rompt ſur ſa tête,
Et deux fois de ſa main le bouis tombe en morceaux.
Tel Hercule filant rompoit tous les fuſeaux.
Il ſort demi-paré. Mais déja ſur ſa porte
Il voit de ſaints Guerriers une ardente cohorte,
Qui tous remplis pour lui d'une égale vigueur
Sont prêts, pour le ſervir, à deſerter le Chœur.
Mais le Vieillard condamne un projet inutile.
Nos deſtins ſont, dit-il, écrits chez la Sibylle :
Son Antre n'eſt pas loin. Allons la conſulter,
Et ſubiſſons la loi qu'Elle nous va dicter.
Il dit : à ce conſeil, où la raiſon domine,
Sur ſes pas au Barreau la Troupe s'achemine,

REMARQUES.

Vers 19. — *Le bouis tombe en morceaux.* — On écrit aujourd'hui & on prononce *buis.*

Vers 20. — *Tel Hercule filant rompoit tous les fuſeaux.* — « Pour revenir à Hercule, dit « Coſtar à Voiture, je penſe que ce que « diſent vos Scholiaſtes eſt une pure médi- « ſance, qu'il rompoit toutes les rames « quand il ramoit. Car vous ſavez, Mon- « ſieur, qu'il filoit fort adroitement chez « Omphale, & même qu'il y filoit doux; & « on ne lit point qu'il ait jamais rompu ni « de roüets, ni de fuſeaux, ni de que- « nouilles. » *Entret. de Voiture & de Coſtar. Lett.* 3.

Vers 25. — *Mais le Vieillard.* — C'eſt Sidrac.

Et bien-tôt dans le Temple, entend, non ſans frémir,
De l'Antre redouté les ſoûpiraux gémir.

Entre ces vieux appuis, dont l'affreuſe Grand'Salle
Soûtient l'énorme poids de ſa voute infernale,
Eſt un Pilier fameux, des Plaideurs reſpećté,
Et toûjours de Normans à midi fréquenté.
Là, ſur des tas poudreux de ſacs & de pratique,
Heurle tous les matins une Sibylle étique :
On l'appèle Chicane, & ce Monſtre odieux
Jamais pour l'Equité n'eut d'oreilles ni d'yeux.
La Diſette au teint blême, & la triſte Famine,
Les Chagrins devorans, & l'infame Ruïne,
Enfans infortunez de ſes raffinemens,
Troublent l'air d'alentour de longs gémiſſemens.
Sans ceſſe feüilletant les Loix & la Coûtume,
Pour conſumer autrui, le Monſtre ſe conſume,
Et dévorant Maiſons, Palais, Châteaux entiers,
Rend pour des monceaux d'or de vains tas de papiers.
Sous le coupable effort de ſa noire inſolence
Thémis a vû cent fois chanceler ſa balance.

REMARQUES.

Vers 35. — *Eſt un pilier fameux.* — Le Pilier fameux des Conſultations. C'eſt le premier de la Grand'Salle du côté de la Chapelle du Palais. Les anciens Avocats s'aſſemblaient près de ce Pilier, où l'on venait les conſulter. Cela ne ſe pratique plus depuis le milieu du XVIIIe ſiècle. Il y avait auſſi une Chambre des Conſultations vis-à-vis ce Pilier, à côté de la même Chapelle.

Vers 36. — *Et toûjours de Normans.* — Les Normands, & auſſi les Manceaux, que l'auteur n'avait garde d'oublier & qu'il déſigne un peu plus bas, ſont connus pour aimer les procès & la chicane.

Inceſſamment il va de détour en détour.
Comme un Hibou, ſouvent il ſe dérobe au jour.
Tantôt les yeux en feu c'eſt un Lion ſuperbe;
Tantôt, humble Serpent, il ſe gliſſe ſous l'herbe.
En vain, pour le domter, le plus juſte des Rois
Fit règler le cahos des ténébreuſes Loix.
Ses griffes vainement par Puſſort accourcies,
Se rallongent déja, toûjours d'encre noircies;
Et ſes ruſes perçant & digues & remparts
Par cent brêches déja rentrent de toutes parts.

Le Vieillard humblement l'aborde & le ſaluë;
Et faiſant, avant tout, briller l'or à ſa vûë:
Reine des longs procès, dit-il, dont le ſavoir
Rend la force inutile, & les loix ſans pouvoir,
Toi pour qui dans le Mans le Laboureur moiſſonne,
Pour qui naiſſent à Caën tous les fruits de l'Automne:
Si dès mes premiers ans, heurtant tous les Mortels,
L'encre a toûjours pour moi coulé ſur tes Autels,
Daigne encor me connoître en ma ſaiſon derniere;
D'un Prélat, qui t'implore, exauce la priere.
Un Rival orgueilleux, de ſa gloire offenſé,
A détruit le Lutrin par nos mains redreſſé.

REMARQUES.

Vers 57. — *Ses griffes vainement par Puſſort accourcies.* — Henri Puſſort, Conſeiller d'Etat, eſt celui qui a le plus contribué à rédiger les Ordonnances que le Roi fit publier en 1667 & en 1670, pour la réformation de la Juſtice, & pour l'abréviation des procès.

Epuiſe en ſa faveur ta ſcience fatale :
Du Digeſte & du Code ouvre nous le Dédale,
Et montre nous cet art, connu de tes Amis,
Qui dans ſes propres loix embarraſſe Thémis.

La Sibylle, à ces mots déja hors d'elle-même,
Fait lire ſa fureur ſur ſon viſage blême :
Et pleine du Démon qui la vient oppreſſer,
Par ces mots étonnans tâche à le repouſſer :
Chantres, ne craignez plus une audace inſenſée.
Je vois, je vois au Chœur la maſſe replacée.
Mais il faut des combats. Tel eſt l'arrêt du Sort :
Et ſur tout évitez un dangereux accord.
Là bornant ſon Diſcours, encor toute écumante,
Elle ſouffle aux Guerriers l'eſprit qui la tourmente ;
Et dans leurs cœurs, brûlans de la ſoif de plaider,
Verſe l'amour de nuire, & la peur de ceder.
Pour tracer à loiſir une longue requête,
A retourner chez ſoi leur brigade s'apprête.
Sous leurs pas diligens le chemin diſparoît,
Et le Pilier loin d'eux déja baiſſe & décroît.

Loin du bruit cependant les Chanoines à table,
Immolent trente mets à leur faim indomtable.
Leur appétit fougueux, par l'objet excité,
Parcourt tous les recoins d'un monſtrueux pâté.
Par le ſel irritant la ſoif eſt allumée ;
Lorſque d'un pié léger la promte Renommée
Semant par tout l'effroi, vient au Chantre éperdu

Conter l'affreux détail de l'Oracle rendu.
Il ſe lève, enflamé de muſcat & de bile,
Et prétend à ſon tour conſulter la Sibylle.
Evrard a beau gémir du repas deſerté.
Lui-même eſt au Barreau par le nombre emporté.
Par les détours étroits d'une barriere oblique,
Ils gagnent les degrez, & le Perron antique,
Où ſans ceſſe étalant bons & méchans Ecrits,
Barbin vend aux paſſans des Auteurs à tout prix.
Là le Chantre à grand bruit arrive & ſe fait place,
Dans le fatal inſtant que d'une égale audace
Le Prélat & ſa troupe, à pas tumultueux,
Décendoient du Palais l'eſcalier tortueux.
L'un & l'autre Rival, s'arrêtant au paſſage,
Se meſure des yeux, s'obſerve, s'enviſage.

REMARQUES.

Vers 102. — *Et prétend à ſon tour conſulter la Sibylle.* — Le Chantre ayant fait enlever le Pupitre qu'on avait mis devant ſon ſiége, ſe pourvut aux Requêtes du Palais, où il fit aſſigner le Tréſorier, & les deux Sous-Marguilliers Frontin & Sirude. Le Tréſorier de ſon côté, s'adreſſa à l'Official de la Sainte-Chapelle, devant qui le Chantre fut aſſigné à la requête du Promoteur. Sur ce conflit de Juridiction, l'Inſtance fut évoquée aux Requêtes du Palais, par Sentence rendue à la Barre de la Cour, le 5 d'août 1667.

Vers 105. — *Par les détours étroits,* &c. — La Maiſon du Chantre avait ſon entrée au bas de l'Eſcalier de la Chambre des Comptes, vis-à-vis la porte de la Sainte-Chapelle baſſe : Ainſi pour aller de là au Palais, il fallait paſſer *par les détours étroits d'une barrière oblique,* qui était plantée le long des murs de la Sainte-Chapelle, & qui ſervait à ménager un paſſage libre derrière les Carroſſes dont la Cour du Palais était ordinairement remplie. L'eſpace vide qui était entre la barrière & le mur conduiſait aux degrés par où l'on montait à la Sainte-Chapelle.

Vers 108. — *Barbin vend aux paſſans des Auteurs à tout prix.* — Barbin ſe piquait de ſavoir vendre des livres, quoique méchants. Sa boutique était ſur le ſecond Perron de l'eſcalier de la Sainte-Chapelle.

Une égale fureur anime leurs eſprits.
Tels deux fougueux Taureaux, de jalouſie épris,
Auprès d'une Geniſſe au front large & ſuperbe,
Oubliant tous les jours le pâturage & l'herbe,
A l'aſpect l'un de l'autre embraſez, furieux,
Déja, le front baiſſé, ſe menacent des yeux.
Mais Evrard, en paſſant, coudoié par Boirude,
Ne ſait point contenir ſon aigre inquiétude.
Il entre chez Barbin, & d'un bras irrité,
Saiſiſſant du Cyrus un volume écarté,
Il lance au Sacriſtain le tome épouvantable.
Boirude fuit le coup : Le volume effroiable
Lui raze le viſage, & droit dans l'eſtomac
Va frapper en ſifflant l'infortuné Sidrac.
Le Vieillard, accablé de l'horrible Artamène,
Tombe aux piés du Prélat, ſans pouls & ſans haleine.
Sa Troupe le croit mort, & chacun empreſſé
Se croit frappé du coup dont il le voit bleſſé.
Auſſi-tôt contre Evrard vingt Champions s'élancent;
Pour ſoûtenir leur choc, les Chanoines s'avancent.
La Diſcorde triomphe, & du combat fatal
Par un cri donne en l'air l'effroiable ſignal.

REMARQUES.

Vers 124. — *Saiſiſſant du Cyrus — le tome épouvantable*, &c. — Roman de Mademoiſelle de Scudéri, intitulé : *Artamène, ou le Grand Cyrus*. Notre Auteur a affecté de donner à ce Roman les épithètes d'*épouvantable*, d'*effroyable*, d'*horrible*, non-ſeulement pour ſe moquer de la groſſeur des volumes, mais encore parce que ces mêmes termes y ſont employés à tout propos.

Vers 135. — *La Diſcorde triomphe*, &c. — Iliade, L. II. La Diſcorde ſe réjouit de voir le combat opiniâtre des Grecs & des Troïens.

Chez le Libraire abſent tout entre, tout ſe mêle.
Les Livres ſur Evrard fondent comme la grêle,
Qui dans un grand jardin, à coups impétueux,
Abbat l'honneur naiſſant des rameaux fructueux.
Chacun s'arme au hazard du livre qu'il rencontre.
L'un tient l'Edit d'Amour, l'autre en ſaiſit la Montre;
L'un prend le ſeul Jonas qu'on ait vû relié,
L'autre un Taſſe François, en naiſſant oublié.
L'Eleve de Barbin, commis à la boutique,
Veut en vain s'oppoſer à leur fureur Gothique.
Les volumes, ſans choix à la tête jettez,
Sur le perron poudreux volent de tous côtez.
Là, près d'un Guarini, Terence tombe à terre,
Là, Xénophon dans l'air heurte contre un La Serre.

REMARQUES.

Vers 142. — *L'un tient l'Edit d'Amour.* — Petit Poëme de l'Abbé Regnier Deſmarais, Secrétaire de l'Académie Françaiſe.

Même vers. — *L'autre en ſaiſit la Montre.* — Petit ouvrage mêlé de vers & de proſe, de Bonnecorſe. L'auteur, pour ſe venger de M. Deſpréaux qui l'avait placé dans ſon *Lutrin*, compoſa le *Lutrigot*, poëme ſatirique dirigé contre lui.

Vers 143. — *L'un prend le ſeul Jonas.* — Jonas, ou Ninive pénitente, Poëme du ſieur de Coras, qui avait paru en 1663.

Vers 144. — *L'autre un Taſſe François.* — La Jéruſalem délivrée, Poëme du Taſſe, traduit en vers français par Michel le Clerc, de l'Académie Françaiſe. Les cinq premiers chants parurent en 1663 & le peu de ſuccès de l'ouvrage empêcha de le continuer.

Vers 146. — *A leur fureur Gothique.* — En ſe battant à coups de Livres, ils ſemblaient vouloir imiter les Goths, Peuples Barbares, qui avaient détruit les Sciences & les Beaux-Arts dans toute l'Europe.

Vers 148. — *Sur le Perron poudreux.* — On l'appela *la Plaine de Barbin*, après la publication de ce Poëme, à cauſe de la bataille qui eſt ici décrite.

Vers 149. — *Là, près d'un Guarini.* — Auteur du *Paſtor Fido*, Paſtorale italienne, remplie d'affectation & de ſentiments peu naturels. Térence eſt la nature même.

Vers 150. — *Là, Xénophon dans l'air heurte contre un La Serre.* — Miſérable Ecrivain, vil faiſeur de galimatias, mis en oppoſition avec Xénophon dont le ſtyle eſt empreint de douceur & de netteté. Ce La Serre fut Garde de la Bibliothèque de Monſieur & eut le titre d'hiſtoriographe.

O que d'Ecrits obſcurs, de Livres ignorez,
Furent en ce grand jour de la poudre tirez!
Vous en fûtes tirez, Almerinde & Simandre :
Et toi, rebut du peuple, inconnu Caloandre.
Dans ton repos, dit-on, ſaiſi par Gaillerbois,
Tu vis le jour alors pour la première fois.
Chaque coup ſur la chair laiſſe une meurtriſſure.
Déja plus d'un Guerrier ſe plaint d'une bleſſure.
D'un Le Vayer épais Giraut eſt renverſé.
Marineau, d'un Brébeuf à l'épaule bleſſé,
En ſent par tout le bras une douleur amère,
Et maudit la Pharſale aux Provinces ſi chère.
D'un Pinchêne *in quarto* Dodillon étourdi

REMARQUES.

Vers 153. — *Almerinde & Simandre.* — Petit roman qu'on dit avoir été compoſé par le D. S.; il avait paru in-8° en 1646.

Vers 154. — *Inconnu Caloandre.* — Le Caloandre fidèle, Roman traduit de l'italien par Scudéri & imprimé en 1668, chez Barbin, en quatre volumes.

Vers 155. — *Saiſi par Gaillerbois.* — Pierre Tardieu, ſieur de Gaillerbois, avait été Chanoine de la Sainte-Chapelle; mais il était mort dès l'année 1656 & l'Auteur a employé ſon nom parce qu'il était fort connu. Ce Chanoine était frère du Lieutenant Criminel Tardieu, fameux par ſon extrême avarice, & par ſa mort funeſte. Ils étaient neveux de Jacques Gillot, Conſeiller-Clerc au Parlement, qui avait été le principal Auteur de l'ingénieuſe Satire du Catholicon d'Eſpagne, à laquelle il travailla avec Rapin, Le Roi, & Paſſerat.

Vers 159. — *D'un Le Vayer épais Giraut eſt renverſé.* — Toutes les OEuvres de la Motte Le Vayer ont été recueillies en deux volumes *in-folio*. L'Epithète d'*épais* déſigne & la groſſeur du volume, & le ſtyle de l'Auteur. *Giraut* eſt un Perſonnage imaginaire.

Vers 160. — *Marineau d'un Brébeuf.* — La Pharſale de Lucain traduite par Brébeuf. *Marineau* eſt le vrai nom d'un Chantre qui était déjà mort.

Vers 163. — *D'un Pinchêne in-quarto.* — Etienne Martin, ſieur de Pinchefne, Neveu de Voiture. Le Caractère de ſes Poéſies eſt exprimé dans le vers ſuivant, par ces mots, *Le cœur affadi.* Car ces mots dénotent l'inſipidité des vers de Pinchefne, qui affadiſſent le cœur.

Même vers. — *Dodillon étourdi.* — Il avait été un des Chantres de la Sainte-Chapelle, mais il était mort avant l'événement du Lu-

A long-tems le teint pâle, & le cœur affadi.
Au plus fort du combat le Chapelain Garagne,
Vers le ſommet du front atteint d'un Charlemagne,
(Des vers de ce Poëme effet prodigieux!)
Tout prêt à s'endormir, bâille & ferme les yeux.
A plus d'un Combattant la Clélie eſt fatale.
Girou dix fois par elle éclate & ſe ſignale,
Mais tout cède aux efforts du Chanoine Fabri.
Ce Guerrier, dans l'Egliſe aux querelles nourri,
Eſt robuſte de corps, terrible de viſage,
Et de l'eau dans ſon vin n'a jamais ſû l'uſage.
Il terraſſe lui ſeul & Guibert & Graſſet,
Et Gorillon la baſſe, & Grandin le fauſſet,
Et Gerbais l'agréable, & Guerin l'inſipide.

Des Chantres deſormais la brigade timide
S'écarte, & du Palais regagne les chemins.
Telle à l'aſpect d'un Loup, terreur des champs voiſins,

REMARQUES.

trin. Dans les dernières années de ſa vie il tomba en enfance, & l'on fut obligé de lui interdire la célébration de la Meſſe. Notre Auteur ſe ſouvenait de l'avoir vu en cet état.

Vers 165. — *Le Chapelain Garagne.* — Perſonnage ſuppoſé.

Vers 166. — *Atteint d'un Charlemagne.* — Poëme héroïque de Louis Le Laboureur, Tréſorier de France & bailli du Duché de Montmorency.

Vers 169. — *A plus d'un Combattant la Clélie.* — Roman de Mademoiſelle de Scudéri, en dix volumes.

Vers 170. — *Girou* eſt un nom inventé.

Vers 171. — *Mais tout cède aux efforts du Chanoine Fabri.* — Il ſe nommait Le Fèvre, & était Conſeiller-Clerc au Parlement. Il était extrêmement violent & emporté.

Vers 175. — *Et Guibert, & Graſſet,* &c. — Tous les noms de Chantres, dans ce vers & les deux ſuivants, ſont des noms inventés. Cependant après la publication du *Lutrin*, l'Auteur reçut des plaintes de quelques perſonnes qui portaient les mêmes noms.

Fuit d'Agneaux effraïez une troupe bêlante :
Ou tels devant Achille, aux campagnes du Xante,
Les Troiens ſe ſauvoient à l'abri de leurs tours.
Quand Brontin à Boirude adreſſe ce diſcours :
Illuſtre Porte-croix, par qui notre bannière
N'a jamais en marchant fait un pas en arrière,
Un Chanoine lui ſeul triomphant du Prélat,
Du Rochet à nos yeux ternira-t-il l'éclat?
Non, non : pour te couvrir de ſa main redoutable,
Accepte de mon corps l'épaiſſeur favorable.
Vien, & ſous ce rempart, à ce Guerrier hautain,
Fais voler ce Quinault qui me reſte à la main.
A ces mots il lui tend le doux & tendre ouvrage.
Le Sacriſtain, boüillant de zèle & de courage,

REMARQUES.

Vers 185. — *Illuſtre Porte-croix, par qui notre bannière*, &c. — Quelques années avant ce Poëme, la Proceſſion de la paroiſſe de Saint-Barthélemy & celle de la Sainte-Chapelle s'étaient rencontrées au Marché-Neuf, le jour de la Fête-Dieu ; & aucune des deux n'avait voulu céder le pas. La raiſon voulait que la paroiſſe de Saint-Barthélemy eût l'avantage; mais comme la Proceſſion de la Sainte-Chapelle était ſoutenue par les Huiſſiers du Parlement qui accompagnaient M. le Premier Préſident, celle de la paroiſſe de Saint-Barthélemy fut contrainte de céder à la force. Ce démêlé était arrivé d'autres fois, & le Porte-bannière de la Sainte-Chapelle avait toujours ſoutenu vigoureuſement ſon honneur & celui de ſon Egliſe. Pour prévenir de plus fâcheuſes ſuites, on réſolut que le jour de la Fête-Dieu, la Sainte-Chapelle ferait ſa Proceſſion à ſept heures du matin, avant celle de la paroiſſe de Saint-Barthélemy.

Vers 192. — *Fais voler ce Quinault*, &c. — Ses OEuvres conſiſtent en diverſes pièces de Théâtre, dont le caractère eſt marqué par ces mots du vers ſuivant : *Le doux & tendre Ouvrage :* On liſait dans les premières éditions : *Le doucereux Ouvrage*. Toutefois, le nom de Quinault ne ſe trouve pas dans l'édition de 1694; on y lit : *Fais voler ce P**** ce qui ſemble indiquer *Perrault*, aux ouvrages de qui la critique que notre auteur fait ici ne pourrait cependant convenir que par une interprétation très-forcée.

Le prend, ſe cache, approche, & droit entre les yeux
Frappe du noble écrit l'Athlete audacieux.
Mais c'eſt pour l'ébranler une foible tempête.
Le livre ſans vigueur mollit contre ſa tête.
Le Chanoine les voit, de colère embraſé.
Attendez, leur dit-il, Couple lâche & ruſé,
Et jugez ſi ma main, aux grands exploits novice,
Lance à mes ennemis un livre qui molliſſe.
A ces mots, il ſaiſit un vieil *Infortiat*,
Groſſi des viſions d'Accurſe & d'Alciat,
Inutile ramas de Gothique écriture,
Dont quatre ais mal unis formoient la couverture,
Entourée à demi d'un vieux parchemin noir,
Où pendoit à trois clous un reſte de fermoir.
Sur l'ais, qui le ſoûtient auprès d'un Avicenne,
Deux des plus forts Mortels l'ébranleroient à peine.
Le Chanoine pourtant l'enleve ſans effort,
Et ſur le Couple pâle, & déja demi-mort,
Fait tomber à deux mains l'effroïable tonnerre.
Les Guerriers de ce coup vont meſurer la terre,
Et du bois & des clous meurtris & déchirez,
Long-tems, loin du Perron, roulent ſur les degrez.

Au ſpectacle étonnant de leur chute imprévuë,

REMARQUES.

Vers 203. — *Il ſaiſit un vieil Infortiat.* — Livre de Droit, d'une groſſeur énorme.

Vers 209. — *Auprès d'un Avicenne.* — Médecin Arabe. Ses ouvrages, grâce à leur format in-folio, pouvaient être placés auprès de l'*Infortiat*.

Le Prélat pouſſe un cri qui pénètre la nuë.
Il maudit dans ſon cœur le Démon des combats,
Et de l'horreur du coup il recule ſix pas.
Mais bien-tôt, rappelant ſon antique proüeſſe,
Il tire du manteau ſa dextre vengereſſe;
Il part, & de ſes doigts, ſaintement allongez,
Bénit tous les Paſſans, en deux files rangez.
Il ſçait que l'Ennemi, que ce coup va ſurprendre,
Déſormais ſur ſes piés ne l'oſeroit attendre,
Et déja voit pour lui tout le peuple en courroux
Crier aux Combattans : Profanes, à genoux.
Le Chantre, qui de loin voit approcher l'orage,
Dans ſon cœur éperdu cherche en vain du courage :
Sa fierté l'abandonne, il tremble, il cède, il fuit.
Le long des ſacrez murs ſa brigade le ſuit.
Tout s'écarte à l'inſtant : mais aucun n'en réchappe.
Par tout le doigt vainqueur les ſuit & les ratrappe.
Evrard ſeul, en un coin prudemment retiré,
Se croioit à couvert de l'inſulte ſacré :
Mais le Prélat vers lui fait une marche adroite :
Il l'obſerve de l'œil, & tirant vers la droite,
Tout d'un coup tourne à gauche, & d'un bras fortuné
Bénit ſubitement le Guerrier conſterné.
Le Chanoine, ſurpris de la foudre mortelle,

REMARQUES.

Vers 240. — ***Bénit ſubitement le Guerrier conſterné.*** — On ſait que le cardinal de Retz, faiſant une proceſſion, affecta de donner la bénédiction au grand Condé, alors ſon ennemi. C'eſt, ſelon Cizeron-Rival, ce qui a fourni à Boileau l'idée de ce trait.

Se dreſſe, & leve en vain une tête rebelle :
Sur ſes genoux tremblans il tombe à cet aſpect,
Et donne à la fraïeur ce qu'il doit au reſpect.

Dans le Temple auſſi-tôt le Prélat plein de gloire
Va goûter les doux fruits de ſa ſainte victoire :
Et de leur vain projet les Chanoines punis
S'en retournent chez eux éperdus, & bénis.

CHANT SIXIEME.

TANDIS que tout confpire à la guerre facrée,
La Piété fincère, aux Alpes retirée,
Du fond de fon défert entend les triftes cris
De fes Sujets cachez dans les murs de Paris.
Elle quitte à l'inftant fa retraite divine.
La Foi d'un pas certain devant elle chemine.
L'Efpérance au front gai l'appuie & la conduit;
Et, la bourfe à la main, la Charité la fuit.
Vers Paris elle vole, & d'une audace fainte,
Vient aux piés de Thémis proferer cette plainte:

Vierge, effroi des méchans, appui de mes Autels,
Qui, la balance en main, règles tous les Mortels,

REMARQUES.

Vers 2. — *Aux Alpes retirée.* — La grande Chartreufe eft dans les Alpes.

Ne viendrai-je jamais en tes bras ſalutaires,
Que pouſſer des ſoûpirs, & pleurer mes miſères?
Ce n'eſt donc pas aſſez, qu'au mépris de tes loix,
L'Hypocriſie ait pris & mon nom & ma voix;
Que ſous ce nom ſacré par tout ſes mains avares
Cherchent à me ravir Croſſes, Mitres, Tiares?
Faudra-t-il voir encor cent Monſtres furieux
Ravager mes Etats uſurpez à tes yeux?
Dans les tems orageux de mon naiſſant Empire,
Au ſortir du Baptême on couroit au martyre.
Chacun plein de mon nom ne reſpiroit que moi.
Le Fidèle, attentif aux règles de ſa Loi,
Fuïant des vanitez la dangereuſe amorce,
Aux honneurs appelé, n'y montoit que par force.
Ces cœurs, que les Bourreaux ne faiſoient point frémir,
A l'offre d'une mitre étoient prêts à gémir:
Et ſans peur des travaux, ſur mes traces divines
Couroient chercher le Ciel au travers des épines.
Mais depuis que l'Egliſe eut aux yeux des mortels
De ſon ſang en tous lieux cimenté ſes Autels,
Le calme dangereux ſuccedant aux orages,
Une lâche tiedeur s'empara des courages:
De leur zèle brûlant l'ardeur ſe ralentit:
Sous le joug des péchez leur foi s'appeſantit;
Le Moine ſecoüa le cilice & la haire:
Le Chanoine indolent apprit à ne rien faire:
Le Prélat, par la brigue aux honneurs parvenu,
Ne ſçût plus qu'abuſer d'un ample revenu;
Et pour toutes vertus fit au dos d'un carroſſe

A côté d'une mitre armorier ſa croſſe.
L'Ambition par tout chaſſa l'Humilité;
Dans la craſſe du froc logea la Vanité.
Alors de tous les cœurs l'union fut détruite.
Dans mes Cloîtres ſacrez la Diſcorde introduite,
Y bâtit de mon bien ſes plus ſûrs Arſenaux;
Traîna tous mes Sujets au pié des Tribunaux.
En vain à ſes fureurs j'oppoſai mes prières,
L'Inſolente à mes yeux marcha ſous mes Bannières.
Pour comble de miſère, un tas de faux Docteurs
Vint flatter les péchez de diſcours impoſteurs;
Infectant les Eſprits d'exécrables maximes,
Voulut faire à Dieu même approuver tous les crimes.
Une ſervile Peur tint lieu de Charité.
Le beſoin d'aimer Dieu paſſa pour nouveauté;
Et chacun à mes piés conſervant ſa malice,
N'apporta de vertu que l'aveu de ſon vice.

Pour éviter l'affront de ces noirs attentats,
Je vins chercher le calme au ſéjour des frimats,
Sur ces monts entourez d'une éternelle glace,
Où jamais au Printems les Hyvers n'ont fait place.

REMARQUES.

Vers 44. — *Dans la craſſe du froc logea la Vanité.* — Socrate voyant un Philoſophe qui affectait de porter un habit tout déchiré : *Je vois*, dit-il, *ta vanité, à travers les trous de ton manteau. Apopht. des Anc.*

Vers 60. — *Je vins chercher le calme.* — Expreſſion qui ſe trouve dans toutes les éditions, de 1683 à 1713. Elle a été remplacée depuis par celle-ci : *J'allai chercher*, &c.

Mais juſques dans la nuit de mes ſacrez Déſerts
Le bruit de mes malheurs fait retentir les airs.
Aujourd'hui même encore, une voix trop fidèle
M'a d'un triſte deſaſtre apporté la nouvèle
J'apprens que dans ce Temple, où le plus ſaint des Rois
Conſacra tout le fruit de ſes pieux exploits,
Et ſignala pour moi ſa pompeuſe largeſſe,
L'implacable Diſcorde, & l'infame Molleſſe,
Foulant aux piés les loix, l'honneur & le devoir,
Uſurpent en mon nom le ſouverain pouvoir.
Souffriras-tu, ma Sœur, une action ſi noire?
Quoi? ce Temple, à ta porte élevé pour ma gloire,
Où jadis des Humains j'attirois tous les vœux,
Sera de leurs combats le théatre honteux?
Non, non, il faut enfin que ma vengeance éclate.
Aſſez & trop long-tems l'impunité les flatte.
Pren ton glaive, & fondant ſur ces Audacieux,
Vien aux yeux des Mortels juſtifier les Cieux.

Ainſi parle à ſa Sœur cette Vierge enflamée.
La Grace eſt dans ſes yeux d'un feu pur allumée.
Thémis ſans differer lui promet ſon ſecours,
La flatte, la raſſure, & lui tient ce diſcours :

Chere & divine Sœur, dont les mains ſecourables

REMARQUES.

Vers 67. — *J'apprens que dans ce Temple où le plus ſaint des Rois.* — Saint Louis, fondateur de la Sainte-Chapelle. Elle fut conſacrée en 1248.

Ont tant de fois ſéché les pleurs des Miſerables,
Pourquoi toi-même, en proie à tes vives douleurs,
Cherches-tu ſans raiſon à groſſir tes malheurs?
En vain de tes Sujets l'ardeur eſt ralentie :
D'un ciment éternel ton Egliſe eſt bâtie;
Et jamais de l'Enfer les noirs frémiſſemens
N'en ſçauroient ébranler les fermes fondemens.
Au milieu des combats, des troubles, des querèles,
Ton nom encor cheri vit au ſein des Fidèles.
Croi-moi, dans ce Lieu-même où l'on veut t'opprimer,
Le trouble, qui t'étonne, eſt facile à calmer :
Et pour y rappeler la Paix tant deſirée,
Je vais t'ouvrir, ma Sœur, une route aſſûrée.
Prête-moi donc l'oreille, & retien tes ſoûpirs.
Vers ce Temple fameux, ſi cher à tes déſirs,
Où le ciel fut pour toi ſi prodigue en miracles,
Non loin de ce Palais où je rends mes oracles,
Eſt un vaſte ſéjour des Mortels révéré,
Et de Cliens ſoûmis à toute heure entouré.
Là, ſous le faix pompeux de ma pourpre honorable,
Veille au ſoin de ma gloire un Homme incomparable,
Ariſte, dont le Ciel & Louïs ont fait choix
Pour règler ma balance, & diſpenſer mes loix.
Par lui dans le Barreau ſur mon Trône affermie
Je vois heurler en vain la Chicane ennemie.

REMARQUES.

Vers 100. — *Vers ce Temple fameux.* — La Sainte-Chapelle.

Vers 106. — *Un homme incomparable.* — M. de Lamoignon, Premier Préſident.

Par lui la Verité ne craint plus l'Impoſteur,
Et l'Orphelin n'eſt plus dévoré du Tuteur.
Mais pourquoi vainement t'en retracer l'image?
Tu le connois aſſez, Ariſte eſt ton ouvrage.
C'eſt Toi qui le formas dès ſes plus jeunes ans :
Son merite ſans tache eſt un de tes préſens.
Tes divines leçons, avec le lait ſuccées,
Allumèrent l'ardeur de ſes nobles penſées.
Auſſi ſon cœur, pour Toi, brûlant d'un ſi beau feu,
N'en fit point dans le monde un lâche deſaveu;
Et ſon zèle hardi, toûjours prêt à paroître,
N'alla point ſe cacher dans les ombres d'un Cloître.
Va le trouver, ma Sœur : à ton auguſte nom,
Tout s'ouvrira d'abord en ſa ſainte Maiſon.
Ton viſage eſt connu de ſa noble famille.
Tout y garde tes loix, Enfans, Sœur, Femme, Fille.
Tes yeux d'un ſeul regard ſauront le pénétrer;
Et pour obtenir tout, tu n'as qu'à te montrer.

Là s'arrête Thémis. La Piété charmée
Sent renaître la joie en ſon ame calmée.
Elle court chez Ariſte, & s'offrant à ſes yeux :

Que me ſert, lui dit-elle, Ariſte, qu'en tous lieux
Tu ſignales pour moi ton zèle & ton courage,
Si la Diſcorde impie à ta porte m'outrage?
Deux puiſſans Ennemis, par elle envenimez,
Dans ces murs, autrefois ſi ſaints, ſi renommez,
A mes ſacrez Autels font un profane inſulte,

Rempliſſent tout d'effroi, de trouble & de tumulte.
De leur crime à leurs yeux va-t-en peindre l'horreur :
Sauve-moi, ſauve-les de leur propre fureur.

Elle ſort à ces mots. Le Héros en prière
Demeure tout couvert de feux & de lumière.
De la céleſte Fille il reconnoît l'éclat,
Et mande au même inſtant le Chantre & le Prélat.

Muſe, c'eſt à ce coup, que mon Eſprit timide
Dans ſa courſe élevée a beſoin qu'on le guide,
Pour chantér par quels ſoins, par quels nobles travaux
Un Mortel ſçût fléchir ces ſuperbes Rivaux.

Mais plûtôt, Toi qui fis ce merveilleux ouvrage,
Ariſte, c'eſt à toi d'en inſtruire notre âge.
Seul tu peux réveler par quel art tout-puiſſant
Tu rendis tout-à-coup le Chantre obéïſſant.
Tu ſçais par quel conſeil raſſemblant le Chapitre,
Lui-même, de ſa main, reporta le Pupitre;
Et comment le Prélat, de ſes reſpects content,
Le fit du banc fatal enlever à l'inſtant.

REMARQUES.

Vers 156. — *Le fit du banc fatal enlever a l'inſtant.* — M. le Premier Préſident fit comprendre au Tréſorier que, ce Pupitre n'ayant été anciennement érigé devant la place du Chantre que pour la commodité de ſes Prédéceſſeurs, il n'était pas juſte que l'on obligeât M. Barrin à le ſouffrir s'il lui était incommode. Néanmoins, pour accorder quelque choſe à la ſatisfaction du Tréſorier, M. le Premier Préſident fit conſentir le Chantre à remettre le Pupitre devant ſon ſiège, où il demeurerait un jour; & le Tréſorier, à le faire enlever le lendemain; ce qui fut exécuté de part & d'autre.

Parle donc : c'eſt à Toi d'éclaircir ces merveilles.
Il me ſuffit pour moi d'avoir ſçû par mes veilles,
Juſqu'au ſixiéme Chant pouſſer ma fiction,
Et fait d'un vain Pupitre un ſecond Ilion.
Finiſſons. Auſſi-bien, quelque ardeur qui m'inſpire,
Quand je ſonge au Héros qui me reſte à décrire,
Qu'il faut parler de Toi, mon Eſprit éperdu
Demeure ſans parole, interdit, confondu.

Ariſte, c'eſt ainſi qu'en ce Sénat illuſtre,
Où Thémis, par tes ſoins, reprend ſon premier luſtre,
Quand la première fois un Athlète nouveau
Vient combattre en champ clos aux joûtes du Barreau,
Souvent, ſans y penſer, ton auguſte préſence,
Troublant par trop d'éclat ſa timide éloquence ;
Le nouveau Ciceron tremblant, décoloré,
Cherche en vain ſon diſcours ſur ſa langue égaré :
En vain, pour gagner tems, dans ſes tranſes affreuſes,
Traîne d'un dernier mot les ſillabes honteuſes ;
Il héſite, il begaie, & le triſte Orateur
Demeure enfin muët aux yeux du Spectateur.

FIN.

TABLE.

Avant-propos v

Chant premier 1

Chant deuxième 17

Chant troisième 25

Chant quatrième 33

Chant cinquième 47

Chant sixième 61

www.ingramcontent.com/pod-product-compliance
Lightning Source LLC
LaVergne TN
LVHW010617110826
845149LV00003B/957

9782012164567